Oscar Eisenmann; Adolph Philippi
Album der Casseler Galerie

SEVERUS Verlag

Eisenmann, Oscar; Philippi, Adolph: Album der Casseler Galerie. 40 Bilddrucke alter Meister mit begleitenden Texten von 1907. 2019
Neuauflage der Ausgabe von 1907
ISBN: 978-3-96345-034-1

Umschlaggestaltung: Annelie Lamers, SEVERUS Verlag

Bibliografische Information der Deutschen Nationalbibliothek: Die Deutsche Nationalbibliothek verzeichnet diese Publikation in der Deutschen Nationalbibliografie; detaillierte bibliografische Daten sind im Internet über https://dnb.de abrufbar.

Der SEVERUS Verlag ist ein Imprint der Bedey & Thoms Media GmbH,
Hermannstal 119k, 22119 Hamburg

SEVERUS Verlag, 2019
http://www.severus-verlag.de
Gedruckt in Deutschland

Oscar Eisenmann; Adolph Philippi

Album der Casseler Galerie

40 Bilddrucke alter Meister mit begleitenden Texten von 1907

SEVERUS

EINLEITUNG

Am landgräflich hessischen Hofe zu Cassel wurden schon früh in der zweiten Hälfte des 16. Jahrhunderts Gemälde begehrt und erworben. Doch war der Antrieb dazu weniger der Wunsch, Kunstwerke der Kunst halber zu besitzen, als vielmehr das Bestreben, Bildnisse hervorragender zeitgenössischer Fürsten, namentlich solche verwandter Häuser, zu sammeln. Dies wissen wir bestimmt von dem Sohne Philipps des Großmütigen, Wilhelm IV., genannt „der Weise", der von 1567 bis 1592 regierte. Doch ging diese Art des Sammelns schon auf ältere Zeit zurück, was aus einem Inventar von 1573 hervorgeht, worin neben dem Mobiliar im Schlosse zu Cassel auch vierzig Porträts älterer Fürstlichkeiten und berühmter Zeitgenossen, z. B. Luthers, erwähnt werden. Zur Vermehrung dieser Porträtsammlung wurden gelegentlich zwei Hofmaler Wilhelms IV., deren Namen uns der um die Geschichte der Casseler Galerie hochverdiente Professor C. A. von Drach in Marburg nennt, Caspar von der Borgk und Jost vom Hofe, an die befreundeten Fürstenhöfe gesendet, um Konterfete für die Porträtgalerie aufzunehmen.

Nach den geringen, für diese Bildnisse bezahlten Preisen müssen es meist an Kunstwert recht zweifelhafte gewesen sein. Doch befanden sich darunter auch ab und zu sehr hervorragende, wovon noch das eine oder andere in der Löwenburg, im Schlosse zu Wilhelmshöhe und in der Gemäldegalerie sich befindet. Unter letzteren ist das weitaus bedeutendste das unvergleichliche Bildnis Wilhelms von Oranien, genannt Taciturnus, früher dem Adriaen Key, jetzt dem Antonis Moro zugeschrieben.

Unter dem Sohne und Nachfolger Wilhelms des Weisen, Moritz dem Gelehrten, erfahren wir zuerst von dem Vorhandensein auch anderer Gemälde. Darüber unterrichtet uns die archivalische Forschung des obengenannten Geschichtsschreibers der Casseler Galerie in folgender interessanten Notiz: „Das erste Aktenstück, worin Gemälde mit historischen und allegorischen Darstellungen verzeichnet sind, ist eine ‚Eygentliche Specificirunge oder Inuentarium alles Haus-Vorraths zu Rottenbergk' aus dem Jahre 1607, worin das Mobiliar im Schlosse daselbst, einem Lieblingsaufenthalt von Wilhelms Sohn, dem Landgrafen Moritz dem Gelehrten, angegeben wird. Wir dürfen annehmen, daß damals zu Cassel ein noch größerer Vorrat von derartigen Gemälden vorhanden gewesen sei; hier finden wir nur 40 Nummern, dabei ‚eine große taffel, daran zwei nackende Bulschafften', also vermutlich Darstellungen mythologischen Inhalts, ferner ‚eine taffel, daran der keusch Joseph', ‚Zwey gemahlte Banquet vff 2 taffeln', sieben eingefaßte Tafeln mit Stücken aus der neutestamentlichen Geschichte, weiter ‚Wie 3 Söhne nach Irem todten Vatter schießen, Judicium Paridis, die Diana, die Lucretia', drei eingefaßte Tafeln mit den sieben Kardinaltugenden und dergleichen. Aus dem Jahre 1618 liegen Verzeichnisse vor über Porträts der näheren Verwandten des Landgrafen Moritz und seiner Gemahlin Juliane von Nassau-Dillenburg, darunter viele von Mitgliedern des Oranischen Zweiges der Familie."

Sehen wir den Landgrafen Moritz somit in seinen Schlössern den Gemälden nicht abgeneigt, so finden wir ihn dagegen als ihren erbitterten Feind in den Kirchen, wo ihn sein puritanischer Übereifer geradezu zum Bilderstürmer machte. Er hat dadurch einer Menge einheimischer und von auswärts eingeführter Kunstwerke den Untergang bereitet. Dies erklärt auch das gänzliche Fehlen von Beispielen hessischer Malerei des 15. und 16. Jahrhunderts in der hiesigen Galerie. Was aus seiner Zeit an Ölgemälden kirchlicher oder privater Herkunft etwa noch gerettet wurde, das vertilgten bis auf wenige Reste die Stürme des dreißigjährigen Krieges. Die hessischen Fürsten, welche nach dieser die Mittel der Höfe und des Landes erschöpfenden Zeit zur Regierung kamen, der V., VI. und der VII. Wilhelm, konnten nicht daran denken, den bedauerlichen Abgang an Kunstwerken durch finanzielle Opfer rasch zu ersetzen. Doch erfahren wir aus einer von v. Drach mitgeteilten Kammerrechnung vom Jahre 1651, daß einem zugewanderten Maler, A. van Hulle, vom Hofe Porträts bestellt und honoriert wurden, und 1653 wird gelegentlich eines Ankaufs von Landschaften des Wilhelm Bemmel gesagt: „NB. sein im Cabinet". Aus dieser

Notiz geht mit Bestimmtheit hervor, daß schon damals eine fest abgegrenzte und als solche geführte Gemäldegalerie in Cassel vorhanden war. Zur Zeit der eben genannten Landgrafen lebte der Hofmaler Engelhard Scheffler, der unter anderen Bildnisse seiner Landesherren und auch solche von Marburger Professoren anfertigte; dazu mythologische Gemälde kleineren Formates, die ihm besser als jene gelungen zu sein scheinen. Seiner Witwe werden noch im Jahre 1673 zwei gemalte Krammetsvögel vom Hofe abgekauft. Und damit sind wir schon in die Regierungszeit des bedeutendsten hessischen Fürsten, des Landgrafen Karl, eingetreten, dessen Taten und Werke, zumal seine monumentalen architektonischen und gärtnerischen Anlagen der Stadt Cassel und ihrer Umgebung noch heute ihr charakteristisches Gepräge geben. Über eine starke Vermehrung der schon bestehenden Gemäldesammlung durch ihn existieren zwar direkt keine urkundlichen Nachrichten, doch steht es bei seinem sonstigen feinen Geschmack und seiner hohen geistigen Veranlagung überhaupt außer Zweifel, daß er auch dem Kunstzweig der Malerei ein besonderes Interesse zuwandte. Dies betont von Drach mit Recht, indem er zur Begründung dieser Annahme auf das von Karl erbaute, im Jahre 1696 vollendete „Kunsthaus", das noch als staatliches Sammlungsgebäude in Cassel existiert, hinweist und dazu bemerkt, der Landgraf würde gewiß seine Reise nach Italien nicht gemacht haben, auf der er, ausweislich einer später erschienenen Beschreibung derselben, ein ganz besonderes Interesse den Kunstwerken, darunter besonders auch den Gemälden jenes Landes, zuwandte, wenn er diesem Kunstinteresse nicht auch durch Vermehrung der im Grundstock schon vorhandenen Gemäldesammlung praktische Folge gegeben hätte. Überdies bringt v. Drach einen direkten Beweis für Karl als Bildersammler schon aus dessen ersten Regierungsjahren in einer Kabinettsrechnung von 1675 bei, wo es heißt: „Francesco de Hamilton dem Mahlern bezahlt — 100 Thlr." Und ein Protokoll vom August 1730, welches Aufschluß über seinen im Schlosse befindlichen Nachlaß gibt, zählt unter anderen einige Gemälde auf, die sich noch heute in der Casseler Galerie befinden. Darunter zum erstenmale für hier berühmte Malernamen, wie Antonio Moro, van Dyck, Livens und — Rembrandt. Der Landgraf beschäftigte und förderte auch eine Reihe von Malern, darunter Philip van Dijk, Jan van Nickelen, Johann Georg van Freese, Karl Hermann de Quitter und dessen Sohn Hermann Heinrich, letztere beiden seine Hofmaler, und vor allem Rosa di Tivoli. Gwinner, Kunst und Künstler in Frankfurt am Main (S. 213) berichtet uns über diesen, Landgraf Karl habe ihn auf seine Kosten nach Italien geschickt, „wofür aber dem wohlwollenden Fürsten von dem leichtsinnigen Schützlinge mit dem größten Undank gelohnt wurde".

Als Karl im Jahre 1730 starb, hinterließ er eine beträchtliche Anzahl von Gemälden, die teils im Kunsthaus, teils in einem besonderen „Bilder-Cabinet", das er wie viele Fürsten jener Zeit in seinem Schloß sich gebildet hatte, endlich auch in seinen Wohnräumen untergebracht waren. Was sein Sohn und Nachfolger, Friedrich I., für diesen Gemäldeschatz getan, beschränkt sich wohl auf dessen teilweise Nutzbarmachung für die Öffentlichkeit, indem er im Jahre 1731 neunzehn wertvollere Gemälde dem „Kunsthaus" überwies, wodurch sie den Landeskindern zugänglich gemacht wurden. Als König von Schweden seiner hessischen Heimat meist fern, überließ er die Sorge für das Stammland seinem jüngeren Bruder Wilhelm, der als Statthalter für ihn regierte. Und Friedrich hätte sie in keine besseren Hände legen können als in die Wilhelms, besonders was die Förderung und den Ausbau der Gemäldesammlung des landgräflichen Hauses anlangt.

Wilhelm VIII. war schon vor 1730 als Gouverneur von Breda und Maastricht mit der niederländischen Malerschule bekannt geworden und hatte sie schätzen gelernt. Bald ergriff auch ihn, wie so manchen Fürsten jener Zeit, der Sammeleifer. Schon während seines Aufenthaltes in Holland erwarb er manch wertvolles Bild, und als er nach dem Tode seines Vaters, des Landgrafen Karl, für seinen älteren Bruder Friedrich, der durch seine Vermählung mit Ulrike Eleonore König von Schweden geworden war, die Statthalterschaft in Hessen übernommen hatte, fing er an, in großem Stil zu sammeln, nachdem er vor 1730, während er in den Diensten der Generalstaaten stand, nur einzelne Gemälde erworben hatte. Selbst ein geschmackvoller und für seine Zeit ziemlich zuverläßlicher Kenner, bediente er sich des Beirates von hervorragenden Malern, wie des Philip van Dijk, und von erfahrenen Kunstfreunden und Sammlern, wie es der Oberst von Häckel und der General von Donop waren, um in den Besitz möglichst zahlreicher und guter „Stücke" zu kommen. Auch hielt er sich Agenten, die in allen Finessen des internationalen Kunsthandels heimisch waren und ihm teils ganze Sammlungen, teils hervorragende Einzelbilder rechtzeitig signalisierten und locker machten. Der bedeutendste unter diesen Agenten war wohl der bekannte Statistiker des damaligen Gemäldehandels, Gerard Hoet, der Verfasser des Catalogus, dessen Namen man am häufigsten im ältesten, aus dem Jahre 1749 stammenden Inventar der Casseler Galerie liest. Auf eine ausführliche Geschichte der Erwerbungen Wilhelms VIII. einzutreten, ist hier nicht der Ort. Besonders hervorgehoben sei nur der Hauptcoup, den der kunstliebende Fürst mit dem Ankauf der Sammlung van Reuver in Delft machte. In ihr waren allein acht der bedeutendsten Rembrandts neben einer ganzen Reihe von Meisterwerken anderer Maler enthalten und Wilhelm konnte mit Recht seiner größten Befriedigung über diese glückliche Erwerbung, für die er 40000 holländische Gulden bezahlt hatte, Ausdruck geben. Um ihn als ebenso eifrigen wie erfolgreichen Sammler zu kennzeichnen, brauchen wir auf die Mitteilung weiterer Ankäufe im einzelnen nicht einzugehen, sondern es genügt, auf den Inhalt der Casseler Galerie, wie er sich heute jedem Besucher darstellt, hinzuweisen und zu konstatieren, daß fast ausnahmslos alle Perlen der Sammlung nach Ausweis der Inventare von Wilhelm angekauft sind. Die späteren hessischen Fürsten, namentlich sein Sohn und Thronfolger, Friedrich II., vermehrten zwar diesen Besitz der Krone mit Liebe und zum Teil auch mit Glück, aber ihre Bemühungen und deren Erfolg lassen sich bei weitem nicht mit denen Wilhelms VIII. vergleichen. Den Ruhm, der Schöpfer der Casseler Galerie zu sein, kann ihm keiner seiner Nachfolger streitig machen. Man hat ihm für dies hohe, in ferne Zeiten fortwirkende Verdienst kein Denkmal in seiner einstigen Residenz errichtet, wohl in der Erwägung, daß er sich ein monumentum aere perennius in seiner Sammlung selbst geschaffen. Die einundzwanzig Rembrandts der Casseler Galerie, die übrigens dank der skrupellosen Beutesucht der Franzosen noch lange nicht den ursprünglichen Reichtum des hessischen Kronbesitzes an Werken Rembrandts darstellen, nebst einer großen Zahl trefflicher Werke des Rubens, van Dyck, Frans Hals usw. verkünden weithin den Namen Wilhelms als den eines unvergleichlichen Sammlers. Die Stadt Cassel verdankt ihm den größten Anziehungswert, nachdem die Gemäldesammlung seit den dreißiger Jahren des vorigen Jahrhunderts, namentlich aber nach der Annexion 1866, eine staatliche und öffentliche geworden war.

Der preußische Staat hat seine Hauptaufgabe der Galerie gegenüber weniger in der Vermehrung des Gemäldevorrates, als in der würdigen Unterbringung, guten Restaurierung und Nutzbarmachung für Künstler und Kunstfreunde gesucht. Zwar hatte schon Wilhelm VIII. in den Jahren 1749—1751 für seine immer mehr anschwellenden Sammlungen eine „Schilderei-Galerie" erbaut, die sich durch hohes Seitenlicht auszeichnete, aber sie war zu Jérômes Zeit durch Umbauten sehr entstellt worden, und die Gemälde, dicht gedrängt und hoch übereinanderhängend, hatten weder genügenden Raum noch Licht mehr, um so, wie sie es verdienten, genossen zu werden. Auch war unter dem letzten Kurfürsten die Absperrung der Galerie gegenüber dem Publikum eine so kulturwidrige, daß sie geradezu als Abschreckungstheorie wirkte. Denn als Eintrittsgeld waren pro Kopf drei Mark zu erlegen. Anders kam man nicht hinein. Deshalb entschloß sich Preußen auf Anregung des Oberpräsidenten von Möller, ein neues Galeriegebäude zu errichten, das in den Jahren 1871—77 durch H. von Dehn-Rotfelser zur Ausführung kam. Als Vorbild diente ihm im ganzen der Einteilung die alte Pinakothek in München, doch verbesserte er die Raumverhältnisse namentlich der Oberlichtsäle und dadurch die Beleuchtung der Bilder. Dem Publikum geöffnet wurde die Galerie im November des Jahres 1877 und sie erfreut sich seither eines von Jahr zu Jahr wachsenden Besuches, namentlich seitdem das Interesse auch eines größeren Publikums sich mehr und mehr den Werken Rembrandts zuwendet. Ragt doch die Casseler Galerie hervor durch eine Reihe seiner ergreifendsten Schöpfungen, wobei nur an „Jakobs Segen", an die große „Landschaft mit den Ruinen" und das Bildnis des „Nicolaus Bruyningh" erinnert sein mag.

Was die Werke Rembrandts in deutschen Galerien anlangt, hat Berlin zwar seit 1906 in quantitativer Hinsicht Cassel überflügelt, doch wird es die künstlerische Höhe und die geistige Bedeutung der hiesigen Bilder auch durch die glücklichsten Käufe nicht erreichen können. Denn auch Sammlungen wie die Kannsche oder selbst die alten englischen Adelssitze enthalten keine Rembrandtschen Gemälde mehr von dem Schwergewicht der drei oben genannten, welche die vornehmste Zierde der Casseler Galerie bilden. Der engere und weitere Kreis von Schülern und Nachfolgern Rembrandts gipfelt in den zwei feinen Ovalen von Gerard Dou, die Bildnisse von Rembrandts Vater und Mutter enthaltend. Charakteristische Gemälde ferner von Willem de Poorter, Eeckhout, Cornelis Drost, Bernaert Fabritius, Benjamin Cuyp geben einen Begriff von der Fähigkeit des Lehrers, stark auf Schüler zu wirken, ohne ihre angeborene Besonderheit zu unterdrücken.

Neben dem Haupte der holländischen Schule ist dessen älterer Zeitgenosse, Frans Hals, für die verhältnismäßig frühe Zeit, in der Wilhelm VIII. sammelte, auffallend zahlreich und gut vertreten, was ein neues glänzendes Blatt im Ehrenkranze dieses kunstverständigen Fürsten bedeutet. Denn keine der übrigen größeren Sammlungen Deutschlands hat ein irgendwie importantes Werk des F. Hals aus dieser Zeit aufzuweisen, während der hessische Hof, das heißt Wilhelm, sich berühmen kann, sieben hervorragende Gemälde von ihm gekauft zu haben, als die übrigen Kunstmäcene den genialen Haarlemer Meister noch gar nicht beachteten. Die alte Pinakothek in München hat sich sogar erst vor wenigen Jahren den ersten und einzigen Frans Hals, den sie besitzt, mit schwerem Gelde einverleibt.

Aus der Schule des Frans Hals sind drei treffliche Adriaen van Ostade und ein sehr interessantes Jugendwerk des Adriaen Brouwer zu verzeichnen. Gerard Terborch, der, zwar nicht ohne Einfluß seitens des F. Hals, eine Großmacht für sich in der Geschichte der holländischen Malerei darstellt, schmückt die Galerie durch zwei sehr gewählte Stücke, unter denen sich die Einzelfigur der Lautenspielerin ganz besonders auszeichnet. Vortrefflich ist auch sein Schüler Kaspar Netscher durch fünf eigenartige Werke repräsentiert. Die Kabinettsmalerei bietet durch Metsu drei reizvolle Nummern. Im Sittenbild schießt hier Jan Steen den Vogel ab durch sein Bohnenfest, ein Meisterwerk, das seinesgleichen auf dem Kontinent sucht. Leider sind auch die süßlichen Dekadencemaler Gottfried Schalken, Willem van Mieris, Frans van Mieris d. J., Pieter van der Werff und ähnliche in Cassel nur allzu gut vertreten, geist- und gemütlose Glattmaler, die in der Mode ihrer schwächlichen Zeit sogar einen Rembrandt zu verdrängen verstanden. Einen Höhepunkt in der Wertabschätzung unserer Galerie stellen dagegen wieder die 21 vortrefflichen Werke des Wouwerman dar. Nur Dresden übertrifft Cassel an Reichtum seiner Werke, die von je so geschätzt waren, daß sie heute im Handel so gut wie gar nicht mehr vorkommen. Unter den Tiermalern zeichnet sich Paul Potter durch ein ganz besonders hervorragendes Viehstück aus, während eine Darstellung lebensgroßer Kühe und Schafe von erdrückender Fülle, die ihm früher auf Grund eines gefälschten Monogrammes gleichfalls zugeschrieben war, nur ein charakteristisches Spezimen seines Nachfolgers Govert Joachimsz Camphuijsen darstellt. Unter den Holländern, die sich durch reich staffierte Landschaften auszeichnen, steht hier Adriaen van de Velde mit seinem unvergleichlichen Strand von Scheveningen obenan. Wenn wir dann noch fünf große Geflügelbilder des Hondecoeter nennen, unter denen der weiße Pfau besonders hervorragt, und erwähnen, daß Landschafter wie Goyen, van der Neer, Cuyp und die drei Ruisdaels gut, zum Teil ausgezeichnet vertreten sind, desgleichen unter den Marinemalern der berühmteste, Willem van de Velde d. J., der fünf feine Werke beisteuert, und Simon de Vlieger, Hendrik Dubbels, Zeeman, die einzelne gute Beweise ihrer Kunst beibringen, und zum Schluß betonen, daß die Galerie auch reich an guten Stilleben ist, so haben wir mit knappen Strichen eine Fülle gediegenen Kunstbesitzes aus den holländischen Schulen skizziert.

Nicht völlig von dieser Bedeutung, aber immerhin sehr reich und bewundernswert ist das, was die vlämische Schule zum Ruhme der Casseler Galerie beiträgt. Wie im allgemeinen, so steht auch hier Rubens an der Spitze. Unter den neun Gemälden seiner Hand sind drei von ganz besonders hervorstechender Qualität, Jupiter und Kallisto, Die Flucht nach Ägypten und das Bildnis des Messire Nicolas de Respaigne. Auf die beiden ersten muß Rubens selbst viel Wert gelegt haben, indem er sie mit seinem vollen Namen in den Entstehungsjahren 1613 und 1614 bezeichnete. Das Bildnis hat er zwar nicht bezeichnet, sondern nur mit dem Stempel seines Genies versehen. Das aber genügt, um es vor den meisten anderen auszuzeichnen. Anton van Dyck überbietet sein großes Vorbild an Zahl der Werke und darunter befinden sich eine ungewöhnlich große Zahl von Höchstleistungen, so daß er hier selbst besser vertreten ist als Rubens. Ich erwähne nur das unter stärkstem Einfluß dieses Meisters stehende Altarbild, das Jesuskind, verehrt von den Vertretern des büßenden Lebens, das Familienporträt des Sebastian Leerse mit Frau und Kind, das Doppelbildnis des Malers Frans Snyders und Frau und die drei lebensgroßen stehenden Figuren, obgleich noch mehrere andere Porträts van Dycks von gleicher Qualität zu verzeichnen wären. Am glänzendsten aber von allen Vlamen ist Jacob Jordaens in Cassel repräsentiert. Sowohl umfänglich wie inhaltlich bedeutendere Werke als die hiesigen hat keine Galerie aufzuweisen, und man mußte sich bei der Ausstellung seiner Werke zu Antwerpen im Herbst 1905 sagen, daß sie unvollkommen sei, da die Casseler Bilder fehlten. Es sind zehn an der Zahl, und will man eines daraus hervorheben, so wird man sich wohl für den Satyr beim Bauer, auch der Kalt- und Warmbläser genannt, entscheiden. Mit zahlreichen und vortrefflichen Werken ausgerüstet, tritt dann noch D. Teniers in die Arena. Namentlich seine Baderstube, die große Kirmes, die beiden Einzugsbilder und die zwei frühen Innenräume mit kartenspielenden und zechenden

Bauern sind Leckerbissen auch für einen verwöhnten Kennergaumen. Und last not least die beiden feinen Familienbildnisse in kleinen Figuren von dem auf dem Kontinent in solcher Qualität höchst seltenen Gonzales Coques bilden einen trefflichen Abschluß der sich hier so reich entfaltenden vlämischen Schule.

Mit diesem Überblick über den Schatz an Holländern und Vlamen, die den Ruhm der Casseler Galerie ausmachen, könnte man eigentlich diese Einleitung schließen. Denn die Italiener und Altdeutschen stehen hier weit unter dem Niveau der Niederländer. Doch wäre es ein Unrecht gegenüber einigen ausgezeichneten Werken jener beiden Schulen, die hoch über das sonstige Mittelgut emporragen. So bei den Italienern zwei Bildnisse ersten Ranges, der lebensgroße stehende Kriegsmann von Tizian, früher Alfonso Davalos, Marchese del Vasto genannt, später von Karl Justi fragweise als Giovanni Francesco Acquaviva, Herzog von Atri, angesprochen, und die eines Tizians würdige Halbfigur eines Venetianers, der mit seinem strengen, lebensprühenden Blick den Beschauer geradezu fasziniert. Bei den Altdeutschen aber sind es besonders zwei Neuerwerbungen, die Erwähnung verdienen, ein für die Eltern Philipps des Großmütigen gemaltes Reisealtärchen, ein eigenartig reizvolles Frühwerk des Lukas Cranach, etwa aus 1507/8, und ein gleichfalls früher Albrecht Altdorfer, Christus am Kreuz zwischen Maria, Johannes und einem Stifterpaar auf dem Hintergrunde einer phantastischen Meeresküste, unter starkem Einfluß des Matthias Grünewald. Aus dem alten Bestande verdienen hervorgehoben das Porträt der Elisabeth Tucher von Albrecht Dürer, ein durch seine guten anatomischen Studien frappanter Herkules und Antäus von Hans Baldung Grien, und die merkwürdige, durch reiche Einzelheiten fesselnde Tischplatte von Martin Schaffner, mit astrologisch-tellurisch-ethischen Allegorien bemalt.

Zurückgreifend auf die ältere niederländische Schule sei noch zum guten Ende das ganz einzigartige Bildnis Wilhelms I. von Oranien-Nassau erwähnt, das, in jüngeren Jahren ihn darstellend, das Höchste an scharfer, geistvoller Charakteristik der Porträtkunst des Antonis Moro zeigt.

O. E.

Eine Reihe von Abbildungen dieses Albums sind vor einiger Zeit in der Sammlung „Alte Meister“ erschienen, zu denen Herr Geheimrat Professor Dr. Philippi die erläuternden Texte geschrieben hatte. Der Herausgeber des Albums verzichtet darauf, diese Erläuterungen des ihm befreundeten Verfassers durch neue zu ersetzen, weshalb die Namen beider Autoren auf dem Titelblatt des Werkes erscheinen.

DIE VERLAGSBUCHHANDLUNG

INHALT

ANTONIS MOR (auch ANTONIO MORO) 1

(1512 [?]—1576/78)

Bildnis Wilhelms I. von Oranien-Nassau

Eichenholz; h. 1,04, br. 0,81 m

Dies durch Malerei wie geistigen Ausdruck gleich ausgezeichnete und ungewöhnlich fesselnde Bildnis des großen Stammvaters der oranischen Dynastie gelangte zu seinem jetzigen hohen Ansehen erst durch die glückliche Reinigung, die es 1883 durch Professor Hauser jun. erfuhr. Vorher war es wenig beachtet, schon wegen des trüben, erstorbenen Firnisses, der es bedeckte, und weil man den Dargestellten nicht kannte. Nach Beseitigung des Firnisses kam aber eine übermalte Inschrift zutage, die den Dargestellten als „Wilhelm Prinz von Oranien" auswies, während er vorher nur allgemein als „Porträt eines Prinzen von Oranien" angegeben und dem Frans Pourbus zugeschrieben war. In der Folge war es Frans Floris und zuletzt Adriaen Key benannt worden, beides unhaltbar, denn es trägt offenkundig den Stempel des Antonis Mor. Das von jeher demselben Meister zugeschriebene Bildnis des Herzogs von Alba im Museum zu Brüssel sieht genau wie ein Gegenstück zu dem jungen Oranier hier aus. „Wilhelmus von Nassaue", genannt „Taciturnus", mag kaum 26—28 Jahre alt gewesen sein, als er Moro zu diesem Bilde saß, aber er sieht schon so in sich gefestigt, fertig und selbstbewußt aus, daß man ihn für älter halten möchte. Es ist das einzige Jugendbildnis, überhaupt die beste Wiedergabe seiner körperlichen Erscheinung, die nach dem Leben gemalt existiert. Alle anderen Porträts stellen ihn alt und müde dar. Auch sind die wenigsten davon nach dem Leben gemalt. Hier aber steht er vor uns, eine künstlerische Offenbarung von frappanter Schärfe, von Moro mit intuitivem Blick in das Innerste des Dargestellten erfaßt. So hat das geistvolle, durchdringende Auge des beredten Schweigers geblickt, so waren die fein geschnittenen Lippen geschlossen, so wölbte sich seine edle, gedankenvolle Stirn mit dem kräftigen, energisch aufwärts strebenden Haar. Dies Bildnis hat etwas geradezu Faszinierendes an sich, es gibt diesen seltenen Menschen, der der Geschichte Hollands seine Signatur aufgeprägt hat, fraglos wieder, wie er leibte und lebte. Wer es einmal gesehen, kommt nicht wieder davon los. So hat es auch unseren Kaiser, dessen Blut mit dem oranischen vermischt ist, ergriffen, er betrachtet es sich jedesmal, wenn er die Kasseler Galerie besucht, mit besonderem Ernst, hat es auch schon zweimal kopieren lassen. Und ein maßgebender Gemäldekenner, Direktor einer berühmten holländischen Galerie, wollte diesen größten Fürsten der Niederlande für sein Vaterland gewinnen, indem er sich erbot, dies sein Bildnis — zwar nicht mit Gold, aber mit Bildern von Rembrandt aufwiegen zu wollen, was doch gewiß der höchste Schwur im Munde eines Holländers ist.

O. E.

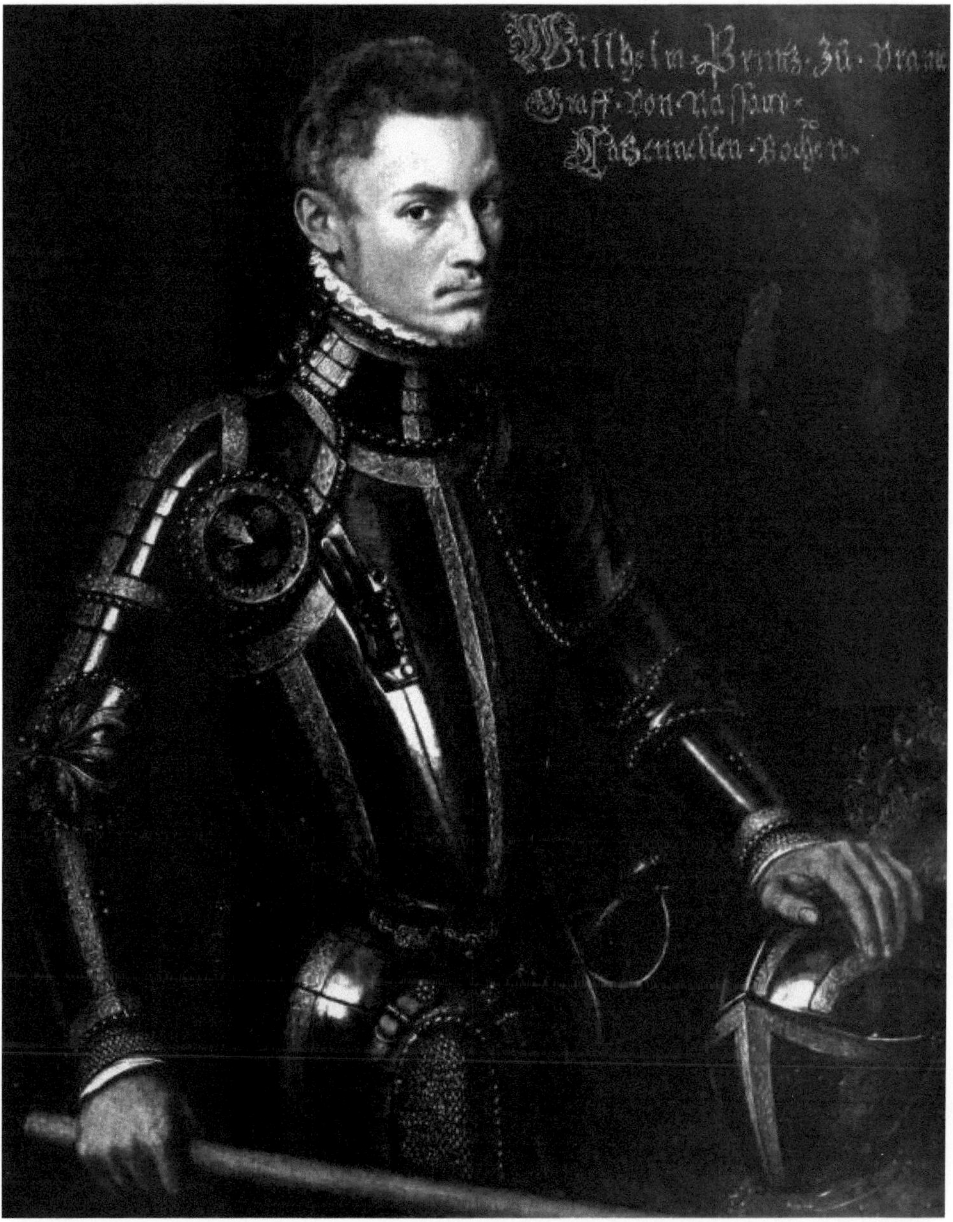
Willhelm · Prinz · Zu ·
Graff · Von · Nassaw ·
Katzenellen · Bogen ·

FRANS HALS

(1580 oder 81 bis 1666)

Die singenden Knaben

Leinwand; h. 0,66, br. 0,52 m

Frans Hals hat sein ungebunden heiteres Temperament schon als Porträtmaler in manchen Fällen nicht verheimlicht, um wieviel weniger in seinen sittenbildlich gefaßten Einzelfiguren von Volkstypen oder Gruppenbildern von Kindern. Das kam ihnen aber sehr zu statten. Denn wenn neben wenigen anderen nur er es wagen konnte, seine Bildnisse lachen zu lassen, ohne grimassierend zu wirken, so konnte er sich ungeniert seiner Laune im Genrebild hingeben, wo der vorübergehende Ausdruck augenblicklicher innerer Angeregtheit nicht nur erlaubt, sondern eigentlich gefordert ist. Bedauerlicherweise hat er Werke dieser Art nicht so viele geschaffen, als es seinem ausgesprochen dafür veranlagten Talent entsprochen hätte. An Bildnissen mit ans Genrehafte streifender Auffassung besitzt die Kasseler Galerie den bekannten, vielfach reproduzierten jungen Mann mit dem Schlapphut, eine köstlich lebenslustige, zum Mitlachen zwingende Erscheinung. An eigentlichen Sittenbildern sind zwei vorhanden, der lustige Zecher, der seinen leergetrunkenen Krug zeigt, und die hier wiedergegebenen singenden Knaben. Sie, die ausgesprochenen Lieblinge der zahlreichen Besucher der Galerie, sind in aller Mund und Gedächtnis und ununterbrochen drängt sich vor ihrem Platze die Reihe der Maler, die der Nachfrage des Publikums nach Kopien zu genügen suchen. Und mit Recht. Entspricht doch dieses lebensvolle, von jugendlicher Frische erfüllte Werk in gleich hohem Maße dem nach einem lustigen Thema verlangenden Geschmack des Durchschnittsbeobachters, wie dem verwöhnten Auge des Kenners und Kunstfreundes, der das Hauptgewicht bei seiner Beurteilung auf geniale künstlerische Konzeption, auf pikante Technik legt. In solchen Darstellungen versteht es Frans Hals — und das ist ein seltener Fall und ein hohes Lob in der Kunst — im höchsten Sinne populär zu sein, ohne ins Triviale zu verfallen. Ob er das gesucht und mit Bewußtsein getan hat? Ich glaube nicht. Das Unbefangene, Ungesuchte einer hinreißenden, ich möchte sagen, ansteckenden Lustigkeit lag in seiner Natur. Weit mehr als in der Rembrandts. Dieser versuchte es wohl auch einmal, in einer solchen Laune sich zu zeigen. Jedermann kennt sein Selbstbildnis mit Saskia auf den Knieen in Dresden, voll Ausgelassenheit wenigstens in seinen Zügen. Und auch dieses genrehafte Werk erfreut sich ausgedehntester Popularität. Aber diese Art von Übermut steht trotzdem Rembrandt nicht gut zu Gesicht. Das Forcierte in dem Bilde ist ein ihm sonst fremder Zug, der unmöglich einem ernsten Verehrer Rembrandts gefallen kann. Um wieviel naiver lachen die Menschen in der Welt des Frans Hals. So auch unsere musizierenden Knaben. Sie sind ganz in ihr heiteres, harmloses Singen vertieft, trachten nicht nach der Teilnahme des Beschauers und haben sie unwillkürlich doch. Denn jedermann freut sich ihrer kerngesunden Erscheinung, ihrer eifrigen Vertiefung in die Noten die sie offenen Mundes, mitten im Singen begriffen, voll Lebendigkeit verfolgen. Die Entstehungszeit des Bildes liegt ziemlich frühe, etwa um 1630—35. Doch schon breit und kühn ist der Vortrag in den bekannten, ihrer Wirkung sicheren Strichen, die, unvertrieben nebeneinander gesetzt, in der Nähe gesehen verwirrend und unfertig wirken, wenigstens in den Augen der Laien, bei richtigem Abstand aber ein in Zeichnung und Ton vollendetes Meisterwerk bieten. O. E.

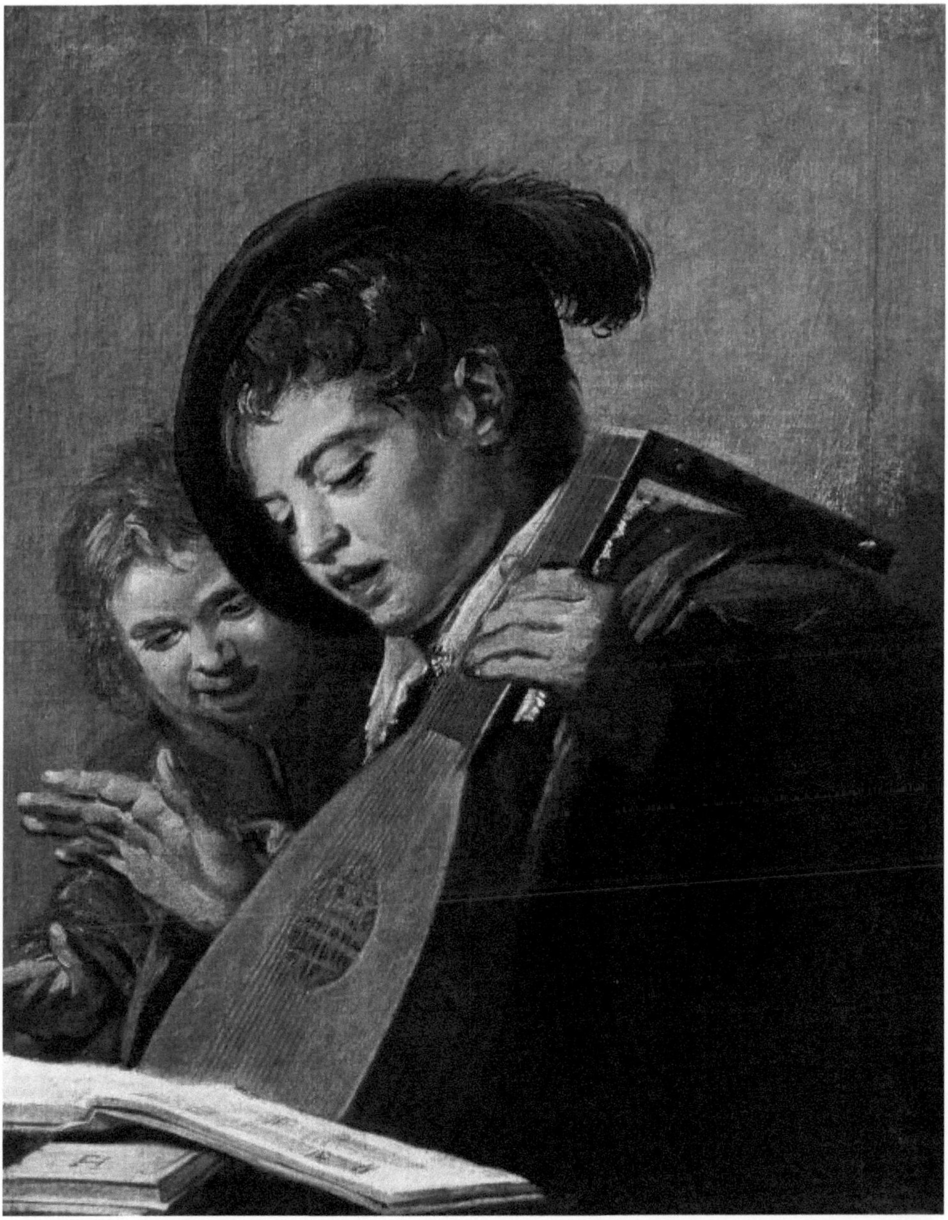

FRANS HALS

3

(1580 oder 81 bis 1666)

Der junge Mann mit dem Schlapphut

Leinwand; h. 0,79, br. 0,65 m

Neben Velazquez ist es hauptsächlich Frans Hals, der den ausgesprochen modernen Malern als Leitstern und höchstes Vorbild in Hinsicht auf die Technik ihrer Kunst dient. Sie suchen seinem breiten unvertriebenen Pinselstrich nachzueifern, indem sie diesen als das geeignetste Ausdrucksmittel des Impressionismus betrachten. Dabei vergessen sie aber zum Teil, daß diese Handschrift des Frans Hals nicht eine Handfertigkeit ist, die man aus den Bildern des großen Harlemer Meisters so ohne weiteres extrahieren und lernen kann, sondern daß seine Technik eine ganz individuelle, rein subjektive, speziell aus seiner Anlage, seinem Naturell heraus geborene Ausdrucksweise ist, die mit seinem innersten Wesen so völlig verwachsen erscheint, daß man sie nicht nachahmen kann. Am gefährlichsten ist dieser Irrtum für die jüngere Künstlergeneration, für die heranwachsende Jugend unserer Malerzunft, die sich oft allzufrüh selbständig, reif und fertig dünkt. Sie pinselt mit dem vermeintlichen Rezept des Frans Hals in wirren, wüsten Strichen lustig darauf los und vermeint in ihren altklugen Bildern vorweg nehmen zu dürfen, was jener erst in langer organischer Entfaltung und Entwickelung seines Talentes als reifer Meister erreicht hat. Daher der berechtigte Widerwille des Publikums gegenüber den unreifen Pinselstrichen unserer jungen Herren. — Die Erstlingswerke des Frans Hals kennen wir leider nicht. Doch unter seinen bekannten und sicheren Gemälden sind die frühen, zum Teil datierten, lange nicht so breit und kühn gemalt, wie seine späteren und spätesten, obgleich auch in jenen die Halsische Eigenart, die einzelnen Pinselstriche unverschmolzen nebeneinander zu setzen, schon bald sich regt. Man kann dies am besten in der einzig gearteten Sammlung Halsischer Meisterwerke im Rathaus zu Harlem verfolgen. Doch auch in Kassel ist Hals mit charakteristischen Werken vertreten, die seinen Entwickelungsgang, wenn auch nicht von Anfang bis zu Ende wie dort, so doch etwa von 1625 bis um 1660 erkennen lassen. Sein spätestes Werk in Kassel ist das hier wiedergegebene, der junge Mann mit dem Schlapphut. Hier hat er schon fast den Gipfel in denkbarst verwegener Breite des malerischen Vortrags erreicht. Das Bildnis dieses lebenslustigen Junkers ist, man kann kaum mehr sagen, gemalt, sondern förmlich hingehauen. Faßt man z. B. seine herabhängende rechte Hand ins Auge, so sieht man bei näherer Betrachtung nur einzelne hingefetzte Striche. Alle Zeichnung ist aufgelöst und erst bei weiterem Abstand sehen wir die uns geläufige Form einer menschlichen Hand sich runden. Und mehr oder weniger ist das ganze Bild so behandelt. Eine solche Art zu malen darf aber nur ein ganz fertiger großer Meister wagen, der seiner Ausdrucksweise völlig sicher ist und weiß, was er den Mitteln seiner Kunst und der Perzeptionsfähigkeit des Beschauers zumuten darf. Zuerst wird ja jeder Laie, der nicht gewöhnt ist, in die Werkstatt des Genies zu blicken, vor der Rücksichtslosigkeit des Halsischen Pinsels erschrecken, er wird nicht ein Bild des Lebens, ein menschliches Porträt, sondern nur unverständlich krause, unerhört keck hingeschleuderte Farbenflecke erblicken. Aber sobald er mit der nötigen Bescheidenheit sich sagt, daß er es mit dem unanfechtbaren Meisterwerke eines der Geschichte angehörigen weltberühmten Meisters zu tun habe und daß es nur an seinem ungeschulten Auge und Geschmack liegen könne, wenn er es nicht verstehe, dann wird er allmählich zu sehen lernen, wird sich mit der Individualität des liebenswürdigen, lustigen Frans Hals vertraut machen und bei einiger Ausdauer und Liebe zur Kunst zu der Erkenntnis kommen, daß er es hier mit einer der bewunderungswürdigsten Umschöpfungen der Natur — denn nichts anderes ist das Werk des Genies — zu tun habe, wie sie nur in der Seele eines großen Künstlers vor sich gehen und mit den Zügen einer Hand ausgeführt werden kann, deren geniale Striche allein imstande sind, den Gebilden seines intuitiven Innern Ausdruck zu verleihen.

O. E.

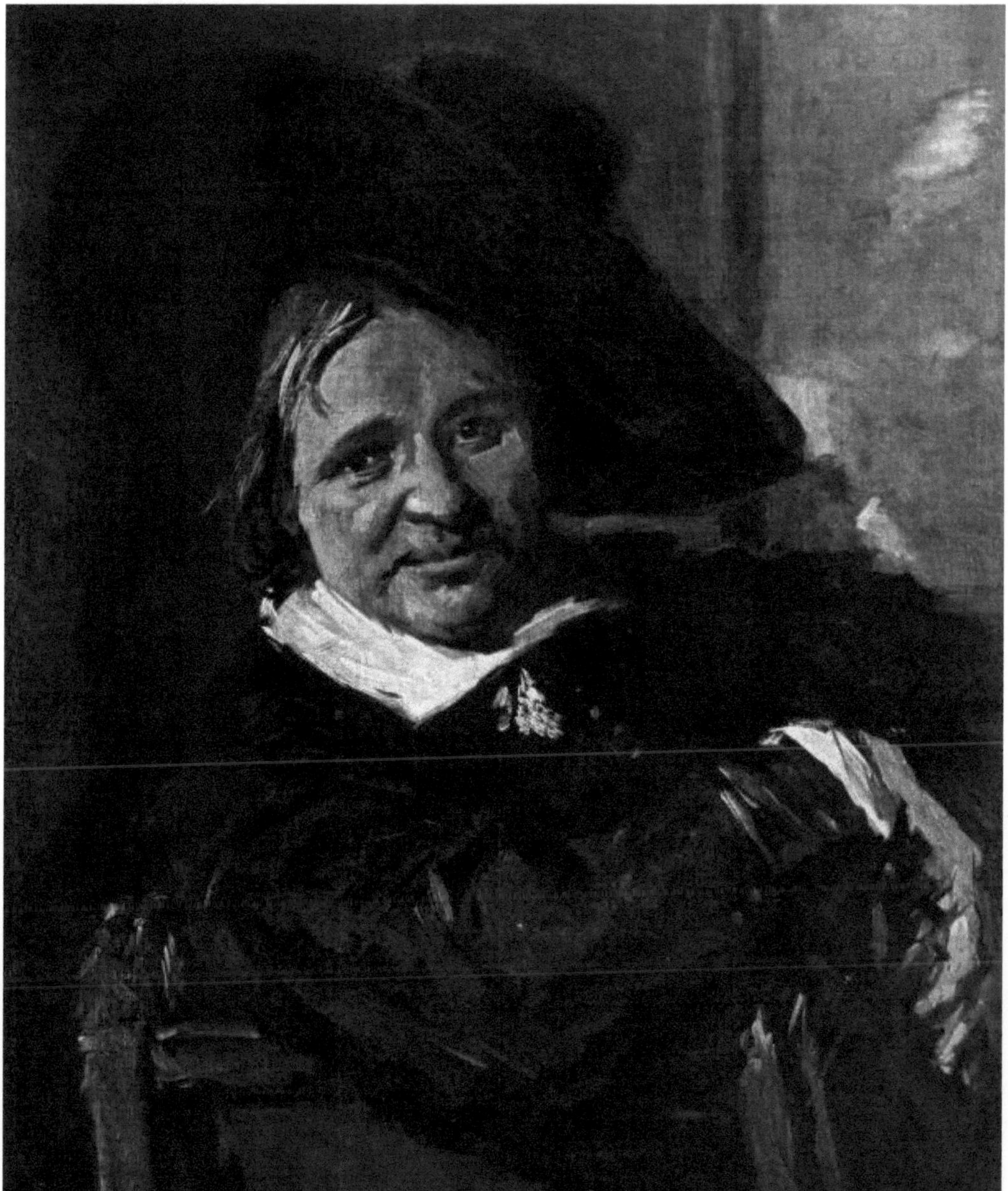

REMBRANDT VAN RIJN

(1606—1669)

Saskia

Eichenholz: h. 0,98, br. 0,77 m

Als Fünfundzwanzigjähriger war Rembrandt 1631 von Leyden nach Amsterdam gezogen und 1634 heiratete er seine Saskia. Sie starb schon 1642, im Jahre der „Nachtwache". Damit schliesst seine erste Amsterdamer Periode ab. — Von Saskias ziemlich zahlreichen Bildnissen ist dieses das glänzendste. Auf anderen erscheint sie anmutiger, manchmal mit Zügen von Liebreiz oder wenigstens Freundlichkeit, die hier fehlen, wo offenbar mehr der Eindruck einer gewissen stolzen Pracht gegeben werden sollte. Stoffe, Pelz und Federn hat Rembrandt niemals mit grösserer Liebe gemalt, Goldschmuck und Perlen kaum wieder so wirksam und nachdrücklich angewandt, als Hauptsache behandelt, wie hier. Seine Freude, die Geliebte mit allen diesen köstlichen Sachen zu umhängen, war noch so neu. Saskia ist als Braut aufgefasst, als Mädchen, mit dem Rosmarinzweiglein in der Hand. Dass sie so ganz scharf ins Profil gestellt ist, gereicht gerade ihrem Gesicht am wenigsten zum Vorteil. Es ist das Wagnis eines Künstlers, der weiss, was er durchführen kann; es gibt der Erscheinung etwas ganz Besonderes, wozu auch die zusammengenommene Haltung mit den übereinander gelegten Händen stimmt. Unbekümmert um den Betrachtenden, spröde, mit dem Anstand einer Fürstin, steht sie da vor einem einfachen dunklen Hintergrunde. Kein Detail sollte hier das Auge anziehen, ablenken von der ausgeführten Pracht dieser Figur in ihren leuchtenden und erwärmenden Farben. So stolz er auf sie war, so herrlich sollte sie auch im Bilde sein. — Das lebensgrosse Bildnis, unbezeichnet, wie manches, was Rembrandt für seinen eigenen Besitz gemalt hat, gehörte zu dem Kabinett der Frau van Reuver in Delft, das der Stifter der Kasseler Galerie, Landgraf Wilhelm VIII., in seinem ganzen Bestande erwarb. A. P.

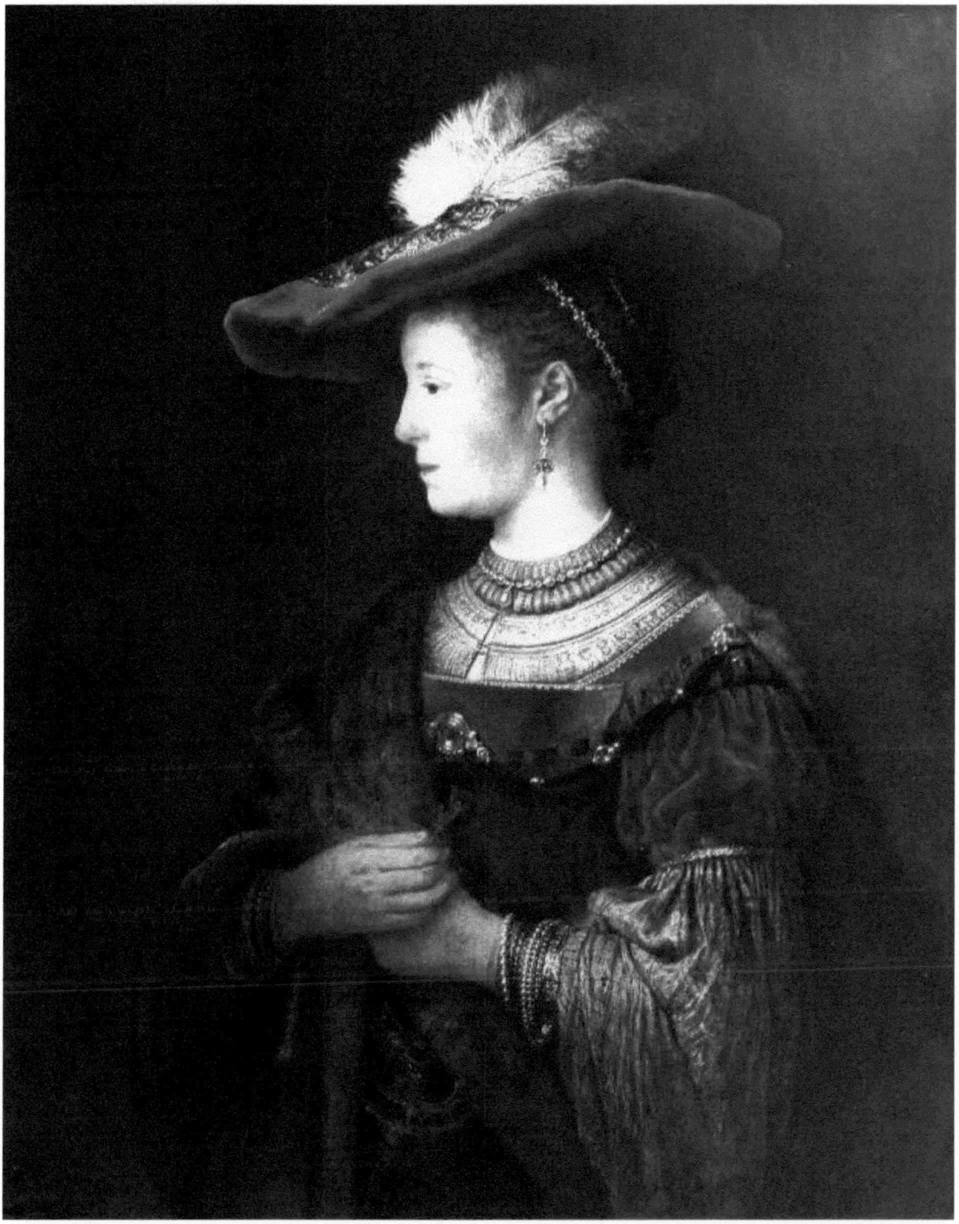

REMBRANDT VAN RIJN

(1606—1669)

Nicolaus Bruyningh

Leinwand; h. 1,05, br. 0,90 m

Wer bist du, Neidenswerter,
Deß Angesicht ein traumhaft Lächeln,
Ein seliges und doch so rätselhaft vieldeutiges
Umspielt, das ich nicht lösen kann?
Bist du beglückt im Leben, oder nur im Traum?
Siehst du die Menschen klein und dürftig,
Armselig schattenhaft vorüberziehn,
Zufrieden, wenn sie hungern nicht und frieren?
Oder siehst in rosigem Lichte du
Fern glänzen einer goldnen Zeit Gesichte,
In der du schon im Geiste lebst?
Bist du ein Kind aus Eden, oder bist
Ein Hamlet du, deß Wesen
Er selber nimmer deuten kann?
Gleichviel, du scheinst mir glücklich,
So wie ich lächeln seh' dein schönes Angesicht,
Von ihm, dem großen Seelenkündiger,
Gebannt ins Bildnis, das wir staunend alle
Den „Niclas Bruyningh" nennen.

O. E.

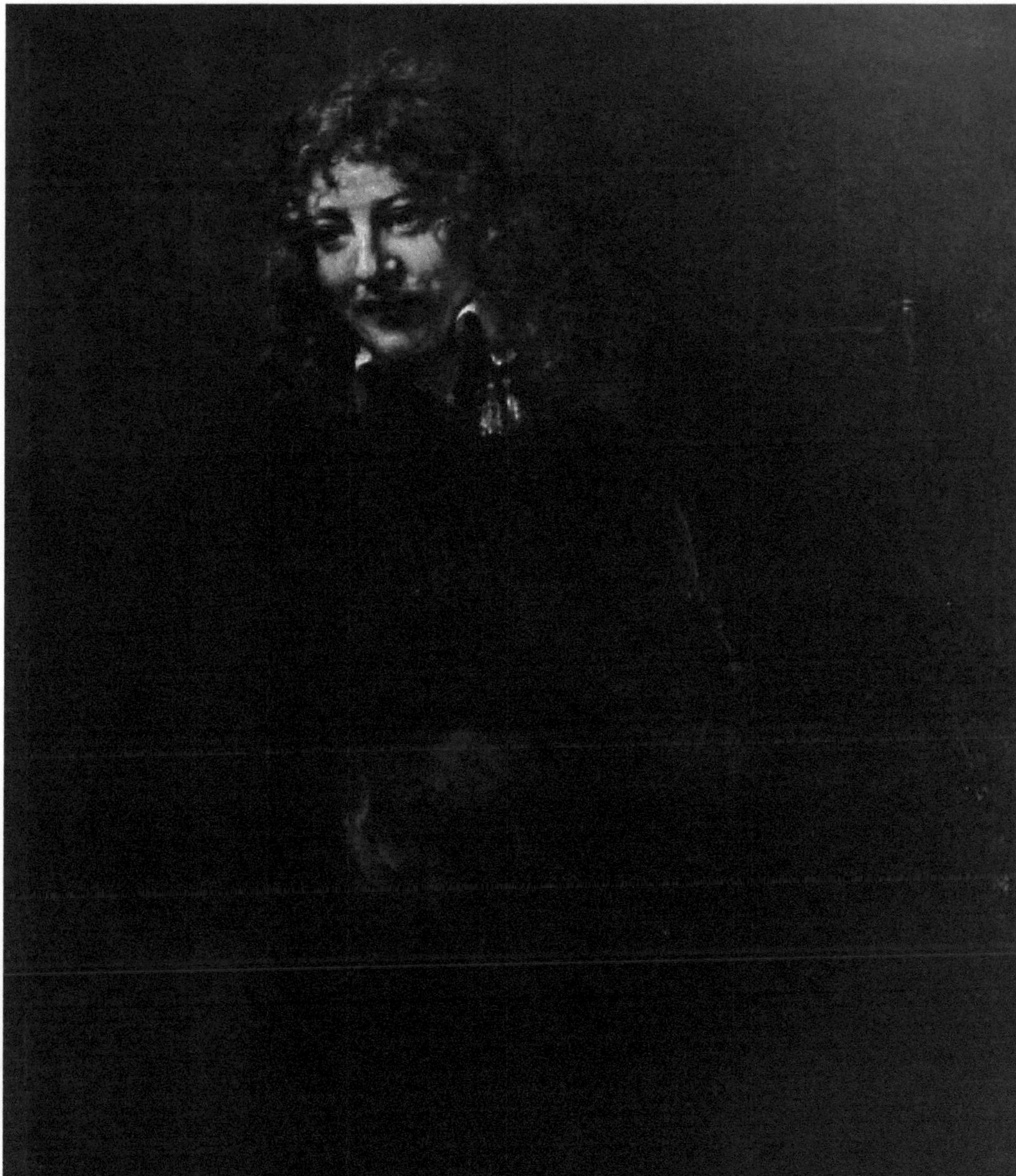

REMBRANDT VAN RIJN

(1606–1669)

Der Architekt

Leinwand; h. 1,20, br. 0,90 m

Der sogenannte Architekt, in kindlicheren, aber auch phantasievolleren Zeiten als die unsere, „Archimedes" genannt, gehört zu denjenigen Werken Rembrandts, angesichts deren man sich fragen muß, ob er ein Porträt oder einen Typus habe schaffen wollen. Zwar erhebt er sich in allen seinen mikrokosmischen Darstellungen über das Durchschnittsniveau landläufiger Bildnisse, indem er neben der Grundbedingung eines solchen, daß es, wie der Laie sagt, „gut getroffen" sei, stets auch noch ein besonderes malerisches Problem zu lösen sucht, aber in der Darstellung dieses alten Mannes mit den versonnenen Augen, die über alles nächstliegende Körperliche hinweg sich in das Dunkel einer rätselhaften Zukunft vertiefen, hat er eine so überzeugende Verkörperung eines seelischen Prinzips geschaffen, daß wir an eine eng begrenzte Individualität nicht mehr denken können. Mit anderen Worten, wir haben vor diesem Meisterwerk das Gefühl, der Dargestellte sei Rembrandt nicht gesessen, um sich porträtieren zu lassen, sondern der geniale Künstler habe umgekehrt seine Erscheinung benutzt, um daraus ein typisches Bild der Erhabenheit durchgeistigten, tief ernsten Alters zu schaffen. Hätte dieser Greis das Winkelmaß nicht in der Hand, glaubte man einen der großen Propheten des alten Testaments vor sich zu haben, der im Begriff steht, seine erhabenen Zukunftsgesichte aufzuzeichnen, da er Papier und Schreibzeug gleichfalls zur Hand hat. Neben dieser seelischen Tiefe des Bildes fesselt uns in gleichem Maße auch die Hülle, die diesen Geist in die irdische Erscheinung treten läßt. Die edel gebaute, leuchtende Stirne, mit dem darüber gelagerten dichten grauen Haar, die schön geschwungene, charaktervolle Nase, der fragende, in die Ferne gerichtete Blick der dunkeln Augen, die in ernstem Schweigen geschlossenen, im dichten Bart fast versteckten Lippen, die fein organisierten Hände mit den im Alter hervorquellenden Adern, diese geistig bedeutendsten und deshalb unverhüllten Teile des Menschen, vom verklärenden Pinsel des Meisters wundervoll festgehalten, sind in das leuchtende Rotbraun und goldige Blond eines pelzverbrämten Hausgewandes gekleidet und geben vereint einen ebenso mannigfaltigen als harmonischen Zusammenklang wohltuendster Farbenwerte.

O. E.

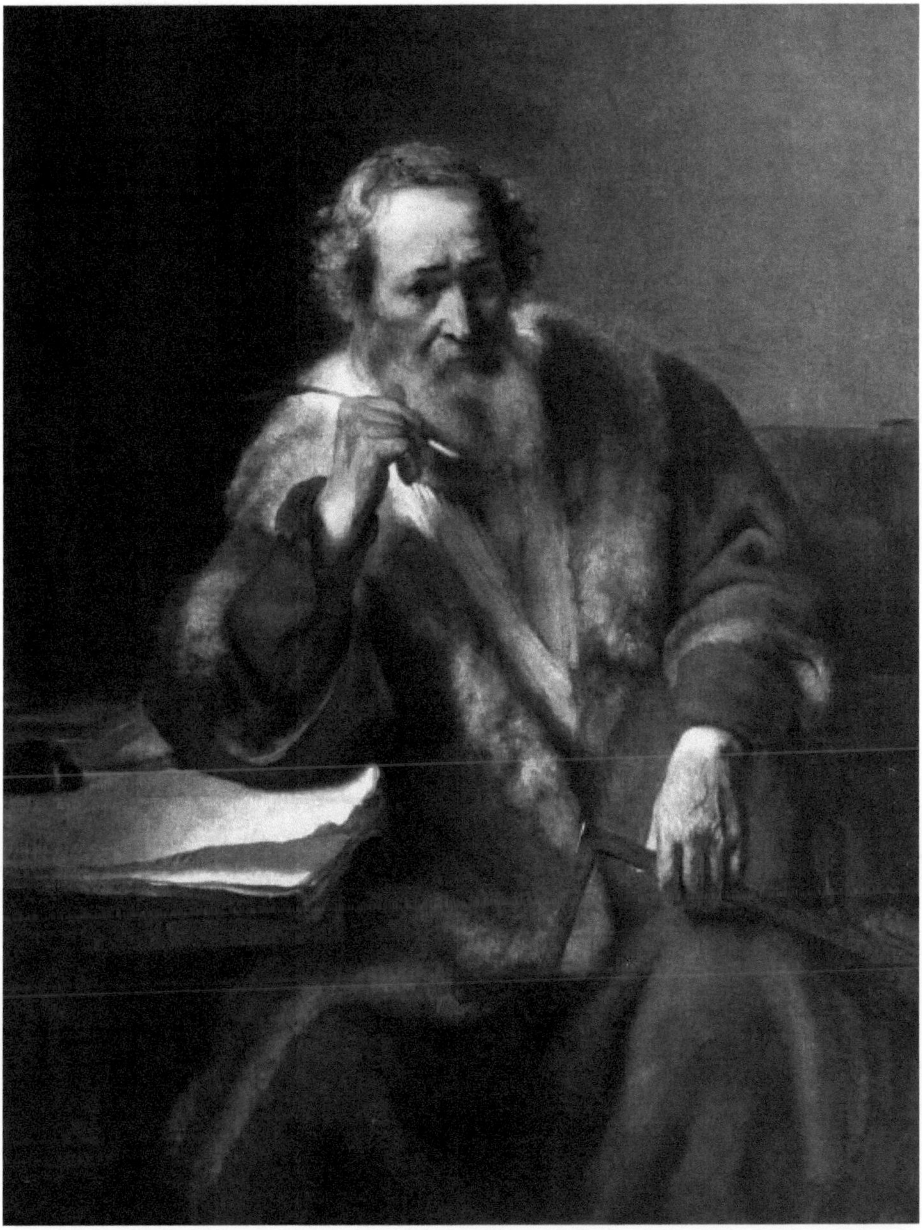

GERARD TER BORCH

(1617—1681)

Die Lautenspielerin

Eichenholz; h. 0,51, br. 0,37 m

7

Ter Borch, ebensogroß als Sittenbildmaler wie als Porträtist, wenn auch nicht groß dem Umfang seiner Werke, sondern ihrem Gehalte nach, hat in dem vorliegenden Bilde, wenn es auch nur eine einzige Figur enthält, doch ein Meisterwerk geschaffen, worin er die ganze Vornehmheit seiner Auffassung und Delikatesse seiner Ausführung zeigt. Denn man kann sich innerhalb der Grenzen seines Genres nichts malerisch Gewählteres denken, als diese anmutige Mädchengestalt, wie sie in all ihrer Schlichtheit doch voll unnachahmlicher Grazie sich zum Tisch vorbeugend, auf dem ihre Noten liegen, die Laute spielt. Jeglicher novellistischen Anspielung, wie sie sonst so manches Gemälde Ter Borchs zu enthalten scheint, entbehrend, ist sie nur mit ihrer Laute beschäftigt. Alles um sich vergessend, bemüht sie sich eifrig, ihr nach Vorschrift der Noten das Beste zu entlocken, was sie vermag. Oder singt sie etwa aus einem zweiten Heft, das auf dem kleinen Gestell daneben steht, und spielt dann die Laute nur die Rolle des die menschliche Stimme begleitenden Instrumentes? Gleichviel, ihre Mienen geben darauf keine Antwort und wir verlangen auch keine. Es genügt uns, das Mädchen in ihre Musik vertieft zu sehen und zu beobachten, wie sie die Laute handhabt und wie der Maler sie sonst ausgestattet hat. Mit welcher Geschicklichkeit ist die außerordentlich schwierige Verkürzung der rechten Hand gelöst, die den Saiten ihre Musik entlockt, mit welcher stupenden Virtuosität die Wiedergabe der Stoffe, die ihren gesund und rund gebauten Leib umschließen, und wie unnachahmlich erscheint der feucht schimmernde Perlenglanz der gelben, schwanenpelzbesetzten Atlasjacke und des weißen Gewandes vom selben Stoff. Man könnte ja behaupten, Kleider bleiben Kleider, ob man sie malerisch noch so gut wiedergeben mag. Aber eine so geistreiche Verklärung des materiell Stofflichen, wie sie hier Ter Borch bietet, erhebt auch das scheinbar Alltägliche in die Sphäre hoher Kunst. Die sublime Wiedergabe der Gewänder ist aber durchaus nicht das Ausschlaggebende, was diesem Bilde seinen erstaunlichen malerischen Reiz verleiht. Die diskrete Haltung des Ganzen in den geschmackvoll gewählten Farben, die mit Ausnahme der zinnoberroten kleinen Schleife im Haar der jungen Dame der gebrochenen Skala angehören, ist so einzig in seiner Art, daß man es eben nur mit ähnlichen Werken des großen Koloristen vergleichen kann. Das feine Grau des Hintergrundes, das gedämpfte Dunkelviolett der Tischdecke, der Perlmutterglanz der Gewandstoffe, alles vereinigt sich zu einem so fein gestimmten malerischen Gesamteindruck, wie er eben nur Ter Borch eigen ist.

O. E.

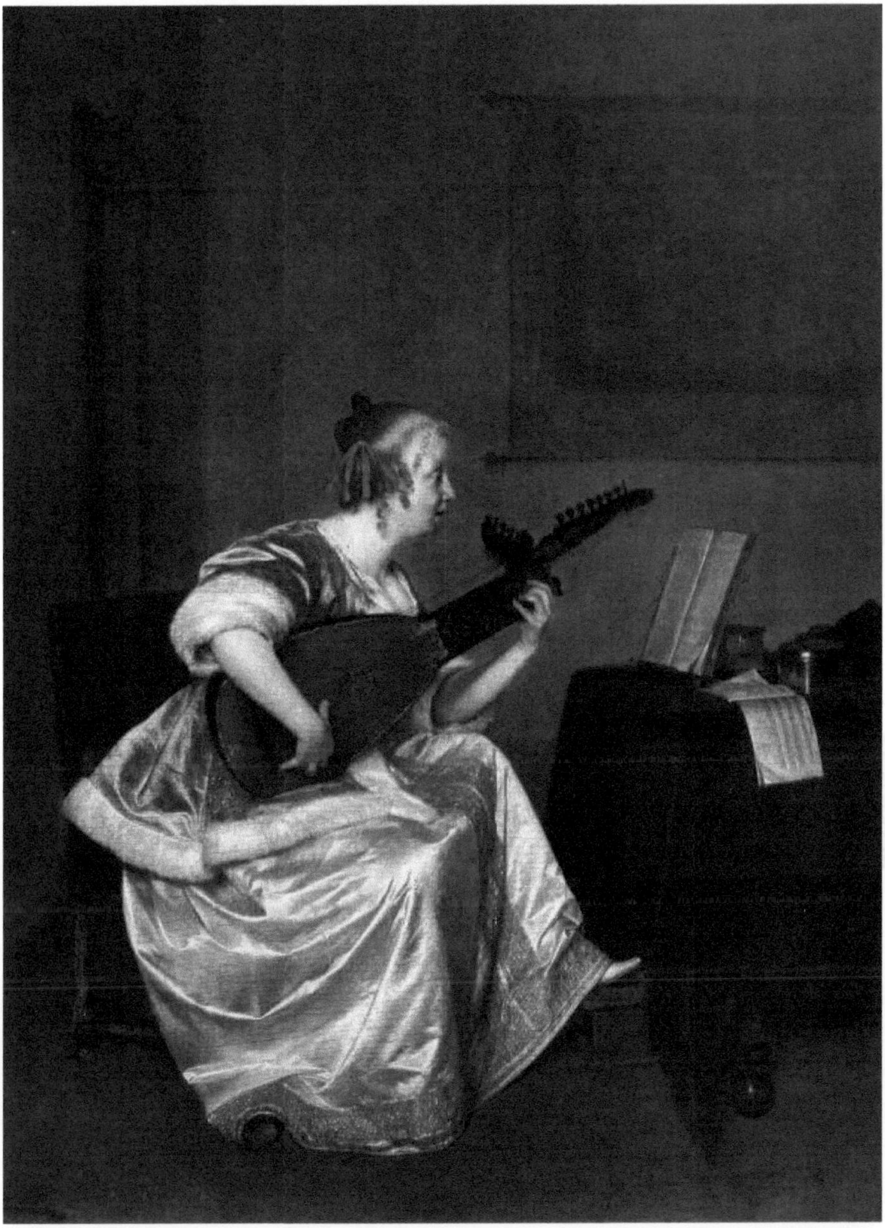

JACOB IZAAKSZOON VAN RUISDAEL

(1628/29—1682)

Der Wasserfall

Leinwand; h. 0,99, br. 0,86 m

Auch in der bildenden Kunst, wie in jeder anderen, muß eine Dosis Poesie stecken, wenn sie wahre Kunst sein soll. Denn die Poesie ist das inkommensurable geistige Ingredienz aller Künste, das sie erst zu solchen macht. Jacob Ruisdael, der große Landschaftspoet der Niederländer, hat eine starke Dosis davon in allen seinen Werken. Sie sind Umdichtungen der Wirklichkeit. Ihr Grundton in Farbe und geistigem Gehalt ist ein elegischer, fast schwermütiger. Ruisdael mag von melancholischem Temperament gewesen sein, und die Erfahrungen seines Lebens haben dieser Stimmung seines Inneren Recht gegeben, denn trotz seiner reichlichen, schönen Arbeit war er nicht mit Glücksgütern gesegnet. Er hat eine große Zahl von Wasserfällen geschaffen und wird nicht müde, dies interessante Thema zu variieren. Eines der schönsten Exemplare darunter ist das hiesige. Das dem Erdinneren entquellende, unfaßbare Element, das Wasser, wenn es zwischen Felsen herabstürzend in Millionen von perlenden Tropfen und leuchtenden Schaumbläschen sich auflöst und doch zum staunenerregenden Wasserfall sich zusammenschließt, hat kein Maler in dieser Form schöner dargestellt als Ruisdael. Wir glauben die Wasser rauschen zu hören, verfolgen mit dem Blicke ihren Sturz und sehen sie doch mit Befriedigung in dem ruhenden Bilde gebunden. In wohltuendem Gegensatz zu dem nimmer ruhenden Element stehen darüber die ernsten, wie für die Ewigkeit gegründeten Berge, die stillen Wälder. Es wird behauptet, Ruisdael sei nie weiter als bis nach Bentheim über die Grenzen seiner engeren Heimat hinausgekommen, habe also nie einen Wasserfall mit dem äußeren Auge gesehen, sondern die Brechung und den Sturz des Wassers nur an der Brandung des Meeres beobachtet. Seinen Darstellungen dieser Art sollen Handzeichnungen seines in Norwegen heimischen Freundes A. van Everdingen zugrunde gelegen haben, wobei er sich auch dessen Gebirgsstudien zunutze gemacht hätte, da er nie in einem eigentlichen Bergland gewesen sei. Doch weder das eine noch das andere ist nachgewiesen. Wenigstens steht nach Aussage von Norwegern für das Kasseler Gemälde fest, daß es keine skandinavische Landschaft wiedergibt. O. E.

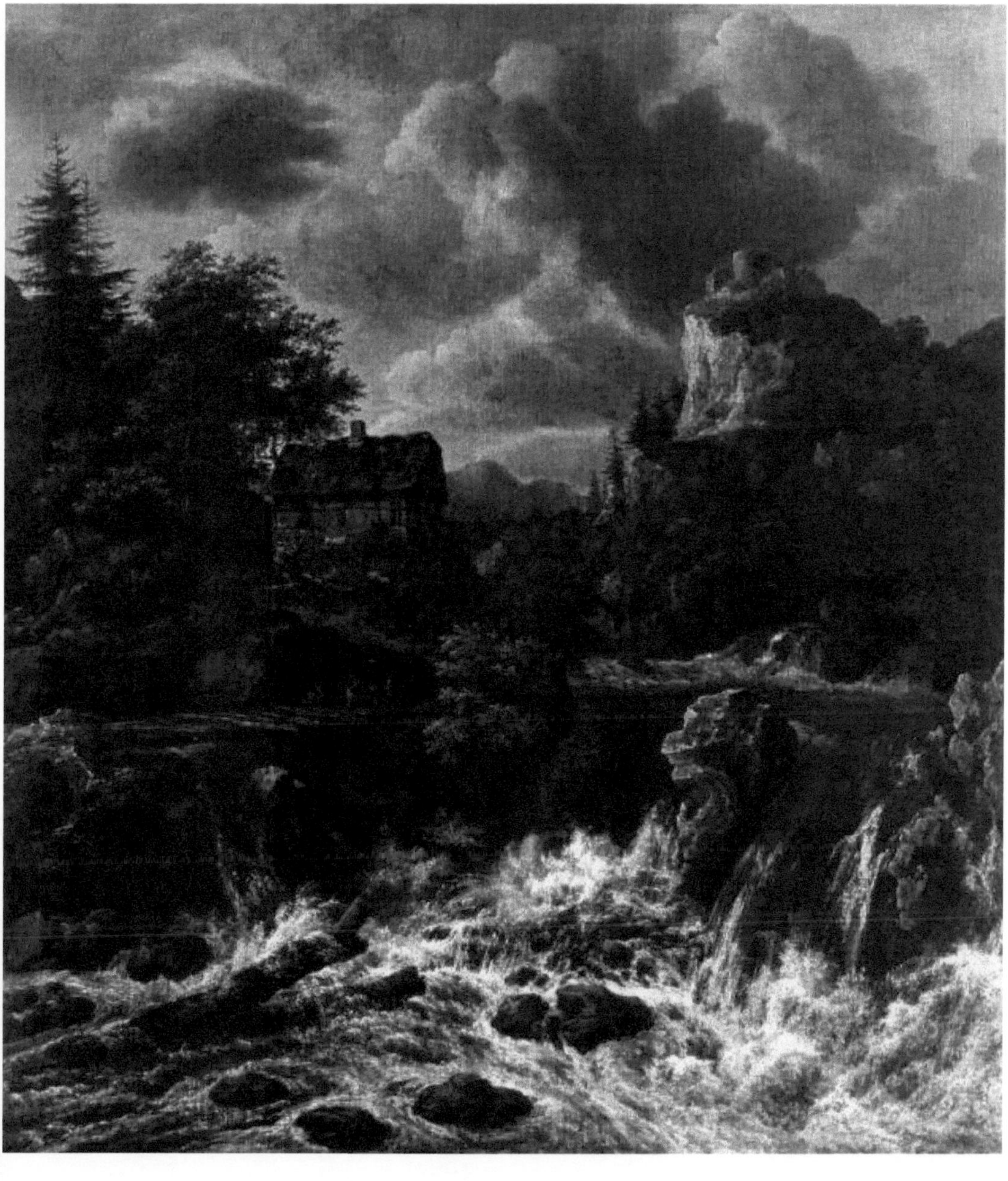

PETER PAUL RUBENS

(1577—1640)

Der Orientale

Leinwand; h. 2,05, br. 1,18 m

Rubens hatte kein sonderliches Interesse daran, sich in das Wesen einzelner Menschen zu vertiefen, ihr Inneres psychologisch ans Licht zu bringen, wie sein empfindsamer Freund van Dyck, den das Persönliche seiner Modelle viel näher berührte. Bei seiner Richtung auf das Große und Heroische mußte wohl der Körper als Träger des Ausdrucks dem Gesichte vorangehen, wie einst bei Michelangelo, und darum sagen uns auch in seinen meisten bewegten Kompositionen die Gestalten schon soviel, daß auf den Gesichtern nicht mehr viel nachzuholen ist, und daß nur selten noch aus einer Menge heraus ein einzelner stillredender oder an sich etwas bedeutender Kopf uns anziehen wird. Gruppenbildnisse, worin van Dycks ganze Stärke lag, hat auch Rubens hin und wieder gemalt. Aber dann ist alles zur Ausstattung gehörende echt und vom höchsten Werte, das Menschliche dagegen ganz uninteressant. Selten gewinnt uns auch eine der im Einzelporträt dargestellten Persönlichkeiten. Nur unter den weiblichen finden sich einige von großem Liebreiz. Aber das Wichtigste bleibt hier doch immer, wie seine zweite Gattin Helene Fourment das Ein und Alles seiner letzten zehn Jahre wird, wie diese ganze Bildniskunst allmählich die Gesichtszüge der Familie Rubens angenommen hat. — Unser breit und protzig hingestellter, wohlbeleibter Handelsherr in levantinischer Tracht, wahrscheinlich ein Italiener, ist ein prächtiges Stück Stoffmalerei, von einer bei Rubens nicht allzu häufigen Sorgfalt der Ausführung. Es sollte hier alles zum Ausdruck kommen, worauf der Besitzer Wert legte: der Fez mit dem turbanartig umschlungenen Tuch, der gemusterte hellviolette Rock von schwerer Seide, der pelzgefütterte, schwarzseidene Mantel, ein kostbarer Spazierstock und ein Palmwedel mit Handgriff, endlich der Smyrnateppich, und jedem Einzelnen hat der Maler dieselbe Teilnahme zugewandt. Die ganze Erscheinung dieses Levantiners hatte für ihn noch ein weiteres künstlerisches Interesse. Auf seiner „Anbetung der Könige" in Antwerpen, von 1627, hat er ihn als Negerkönig, in derselben Haltung, dominierend in die Mitte einer höchst lebendigen Komposition gestellt.

A. P.

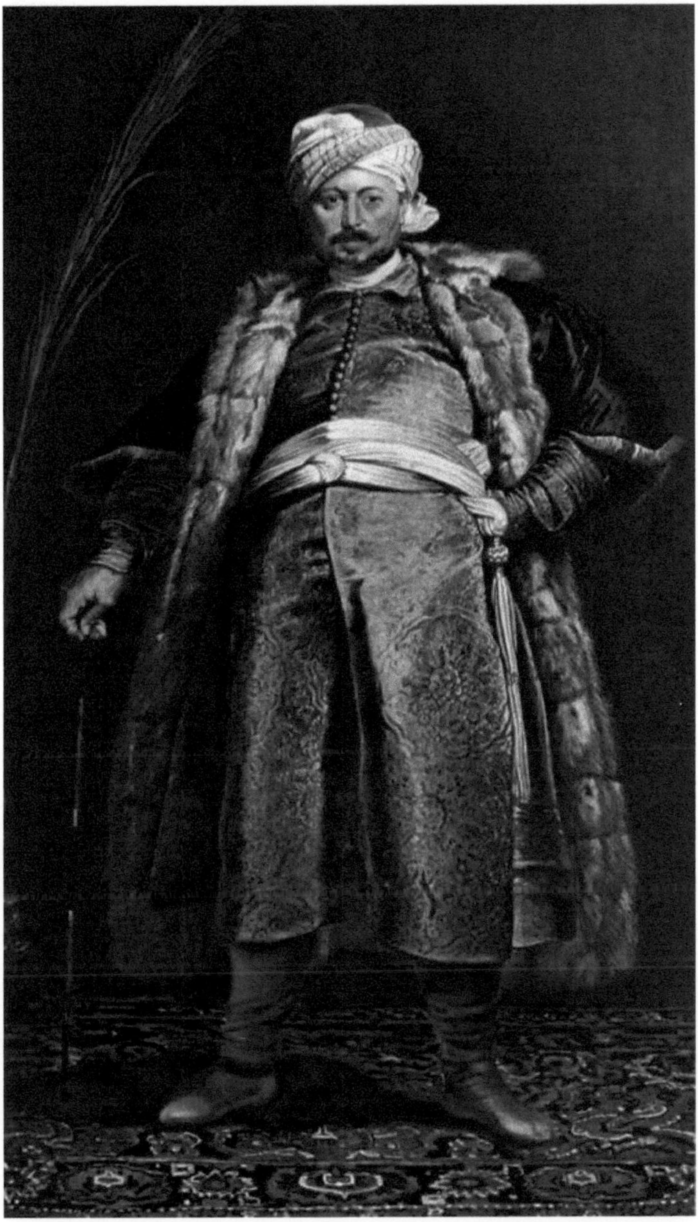

FLORENTINISCHE (?) SCHULE

1. Hälfte des 16. Jahrh.

Bildnis des spanischen Dichters Garcilaso de la Vega

Leinwand; h. 1,05, br. 0,78 m

Die Urheberschaft dieses interessanten Porträts ist sehr zweifelhaft. Eine ursprüngliche Benennung, Pontormo, erschien unhaltbar, worauf man zur allgemeineren, aber auch farbloseren „Florentinischen Schule" griff, bei der man bis jetzt stehen geblieben. Doch von kompetenter Seite wird selbst die italienische Herkunft des Bildes bestritten, ein Spanier aus der Schule des Moro soll der Maler dieses distinguierten Werkes sein. Aber neuestens hat ein scharfer Beobachter vorgeschlagen, doch wieder nach Italien zurückzukehren und ihm den Namen Francesco Salviati beizulegen. Gleichviel, das vornehme Porträt ist dieser vielseitigen Beachtung höchst wert. Der malerische Grundton, der es beherrscht, ist von kühler Feinheit, ein blasses Violett, ein mattes, helles Gelb, ein neutrales Schwarz bilden den Akkord, worauf es gestimmt ist. Doch die äußere Feinheit der Farben erhält ihren gewichtigsten Akzent erst durch den geistigen Gehalt des Kopfes, der dafür spricht, daß sein Träger nicht nur hervorragend von Geburt, sondern auch ausgezeichnet an Talent und Bildung gewesen sei. Und in der Tat, die unermüdliche Forschung Carl Justis hat bis zur Evidenz nachgewiesen, daß wir in dem Dargestellten den Spanier Garcilaso de la Vega zu erblicken haben, der, ein Parteigänger Karls V., diesem auf seinen Kriegszügen folgte, nach Talent und Ausübung aber auch Dichter war (nicht zu verwechseln mit Lope de Vega). Ob er sich in Florenz malen ließ, während er sich mit dem Kaiser in Italien aufhielt, oder ob sein Bildnis von einem Spanier herrührt, mag dahingestellt bleiben. Das kleine Kreuz, das auf der Mitte seiner Jacke zu sehen ist, kennzeichnet ihn als Ritter des Alcantara-Ordens. Weiteren geistigen Gehalt aus diesem höchst anregenden Bildnis zu ziehen, ist Sache eindringender Vertiefung des Betrachters.

Was spricht aus diesen edlen Zügen,
Was aus der Augen ernstem Blick?
Sie werden Dir gewiß nicht lügen,
Fragst Du nach Leid sie oder Glück.

Doch wirst Du schwer zu deuten wissen
Der rätselvollen Antwort Sinn,
Drum sei der Lösung selbst beflissen,
So hast Du größeren Gewinn: —

Es schwanken unsres Daseins Tage
Von Freud' zu Leid und rückwärts oft,
Der Glücklichste ist ohne Frage,
Der nichts gefürchtet, nichts gehofft.

O. E.

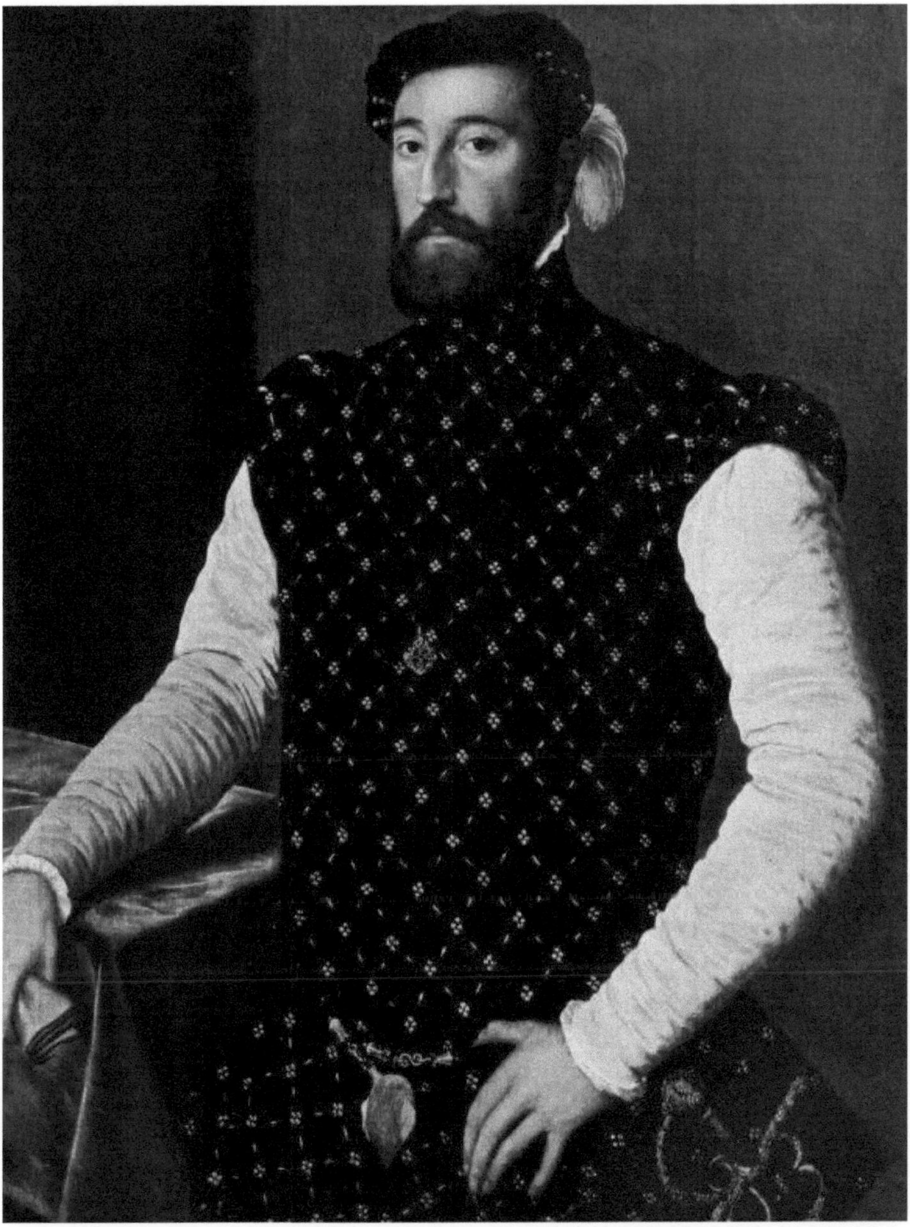

TIZIANO VECELLIO

11

(1477—1576)

Bildnis eines vornehmen italienischen Kriegsmannes

Leinwand; h. 2,28, br. 1,51 m

Wen Tizian in dieser malerisch so reich ausgestatteten Erscheinung gebildnißt hat, ist trotz der darauf bezüglichen eifrigen Forschungen Carl Justis noch nicht sicher festgestellt. Die letzte Vermutung dieses Seniors der Kunsthistoriker nennt als Dargestellten den Herzog Giovanni Francesco Acquaviva von Atri, aber doch immerhin nach seinem eigenen Zugeständnis nur mit einem Fragezeichen, nicht sicher. Gleichviel, diese Persönlichkeit muß unter den Condottieri jener Zeit Karls V. eine hervorragende Rolle gespielt haben, sonst würde wohl kaum ein Tizian berufen worden sein, ihn zu malen. Das geistige Gewicht seines Kopfes an sich ist nicht schwer genug, um diese Auszeichnung zu erklären. Die Züge haben wohl etwas Männliches, aber nichts über den Durchschnitt hinausgehendes Kluges. Was uns an dem Porträt fesselt, ist das künstlerische Rüstzeug, die koloristische Vornehmheit, die ihm der venetianische Malerfürst verliehen, an ihm selbst und an den Nebenfiguren, dem symbolisch bedeutungsvollen Amor und dem rassig schönen, treuen Jagdhund, die er ihm beigesellt hat. Das reich nuancierte Rot seiner Gewandung, das sich von dem fein gestimmten komplementären Grün der Landschaft wohltuend abhebt, ist der Grundton, der sich in dem mit einer kostbaren Agraffe und einer Feder geschmückten Herzogshut und in dem purpurroten, von einem Drachen überfangenen Kriegshelm fortsetzt und das ganze Bild beherrscht. Dazu gesellen sich das warme Inkarnat des vom Rücken gesehenen Amorin, das helle, gelblich-weiße Fell des Hundes und der kühl-graue und doch so kräftig wirkende Kettenpanzer, um eine Fülle harmonischer Farbentöne hervorzubringen, wie sie selbst bei Tizian nicht in jedem seiner Werke und nicht zu allen Zeiten zu finden sind. Dieses meisterhafte Bildnis, in welchem die allegorischen Beziehungen eine so überaus lebensvolle Gestalt angenommen haben, führte längere Zeit den Namen des Don Alfonso Davalos, Marchese del Vasto, aber mit Unrecht. Man kennt von dem Gemälde des Louvre die Züge des Davalos, welche andere sind, als die des Kasseler Bildnisses. Diese Namengebung ist eine müßige Erfindung des vorigen Jahrhunderts, während das älteste Inventar der Kasseler Galerie vom Jahre 1749 resp. 1756 davon noch nichts weiß. Die Entstehung des Werkes fällt um 1550. Um diese Zeit war Davalos schon tot. Er starb am 31. März 1546. Landgraf Wilhelm VIII. von Hessen, der große Sammler und Schätzer seiner geliebten alten Bilder, erwarb diesen stolzen Tizian im Jahre 1756 durch Hoet in Paris. O. E.

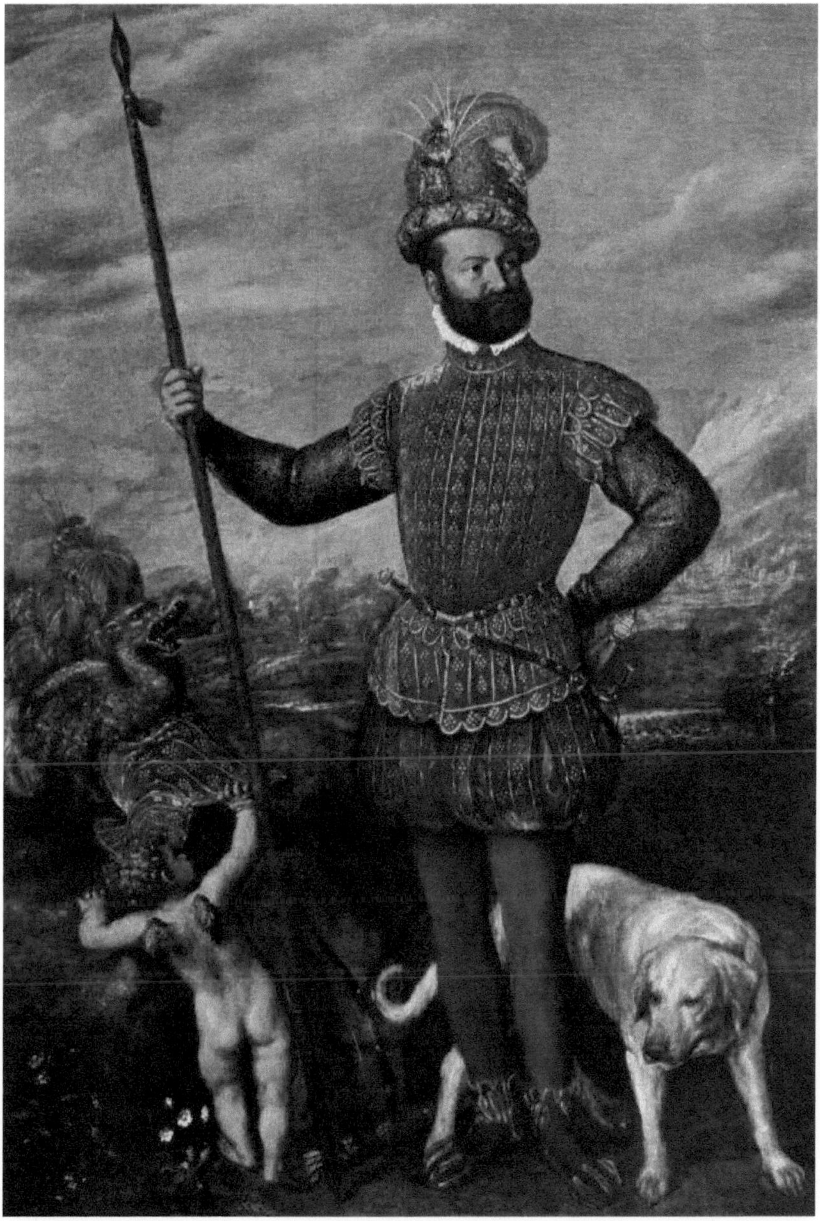

PAOLO VERONESE (?)
oder LAMBARD SUSTRIS

12

Die sterbende Kleopatra

Leinwand, h. 1,25; br. 1,09

Früher galt diese Kleopatra als Werk des Tizian, doch schrieben die berühmten Geschichtsschreiber der italienischen Malerei, Crowe und Cavalcaselle, es später dem Cesare Vecelli zu, was indes unverständlich ist, da man keine Leistung dieses mäßig begabten Verwandten Tizians kennt, die sich entfernt mit der vorliegenden messen könnte. Weit näher ist Wilhelm Bode offenbar der Wahrheit gekommen, als er dieses schöne Werk dem Paolo Veronese zuschrieb, allein ganz zweifellos und unanfechtbar erscheint auch diese Attribution nicht. Wir werden uns, wie bei manchem anderen rätselhaften Bild, so auch bei diesem bescheiden müssen, die ungefähre Richtung anzugeben, in der sein Ursprung zu suchen ist. Das Fesselndste an ihm ist der wundervoll verkürzte, edle Kopf, über dem die sanft beglückende Ruhe des Schlummers zu liegen scheint. Aber ist das einer Kleopatra angemessen, die entweder noch im Kampfe mit dem Gift der Schlange liegt oder durch den Biß schon vom Tode umnachtet ist? Im gewöhnlichen Verstande nicht, denn man erwartet in diesem Falle schmerzvolle, vom Todeskampf entstellte Züge, und weil diese in dem Bilde fehlen, hat in vergangenen Tagen eine unberufene Hand die Schlange zu eliminieren und aus der Dargestellten eine in Schlaf verfallene, verlassene Ariadne auf Naxos zu machen gesucht. Da die vertiefte Spur der Schlange aber beim besten Willen nicht ganz zu beseitigen war und zum Verräter wurde, so mußte es eben schließlich bei dem angeschlagenen Thema „Kleopatra“ sein Bewenden haben. Und weshalb soll der Künstler sich nicht erlauben dürfen, den sonst grimmen und gefürchteten Tod in dieser versöhnenden Weise aufzufassen? Stellt ihn doch schon die Antike als Bruder des Schlafes dar. Und so sehen wir die unglückliche ägyptische Königin vor uns, nicht als ein Opfer körperlicher und seelischer Leiden, wie es nach ihrem Schicksal zu erwarten wäre, sondern als ein Bild inneren Friedens und ausgeglichener Schmerzensüberwindung, dessen ergreifende Schönheit in dem oben schon charakterisierten Kopfe gipfelt. Harmonisch schließt sich diesem durchgeistigtsten Teile des Bildes in malerischer Hinsicht die entblößte Brust der schönen Schläferin an. Ob der Maler wohlgetan, auch ihren etwas stark entwickelten Leib und die dicken Arme unbekleidet zu zeigen, möge dahingestellt bleiben. Sie sind allerdings durch eine unglückliche Restauration noch unförmlicher geworden, als sie ursprünglich waren, aber die Tatsache, daß diese Teile des sonst in Auffassung und koloristischer Durchführung so noblen Gemäldes etwas weniger befriedigend ausgefallen sind, als die oberen Partieen, mag in dem Umstand seine Erklärung finden, daß sich vermutlich der Künstler etwas zu streng an ein Modell gehalten hat, das im Kopf noch jung geblieben, im Körper aber schon etwas matronenhaft geworden war. O. E.

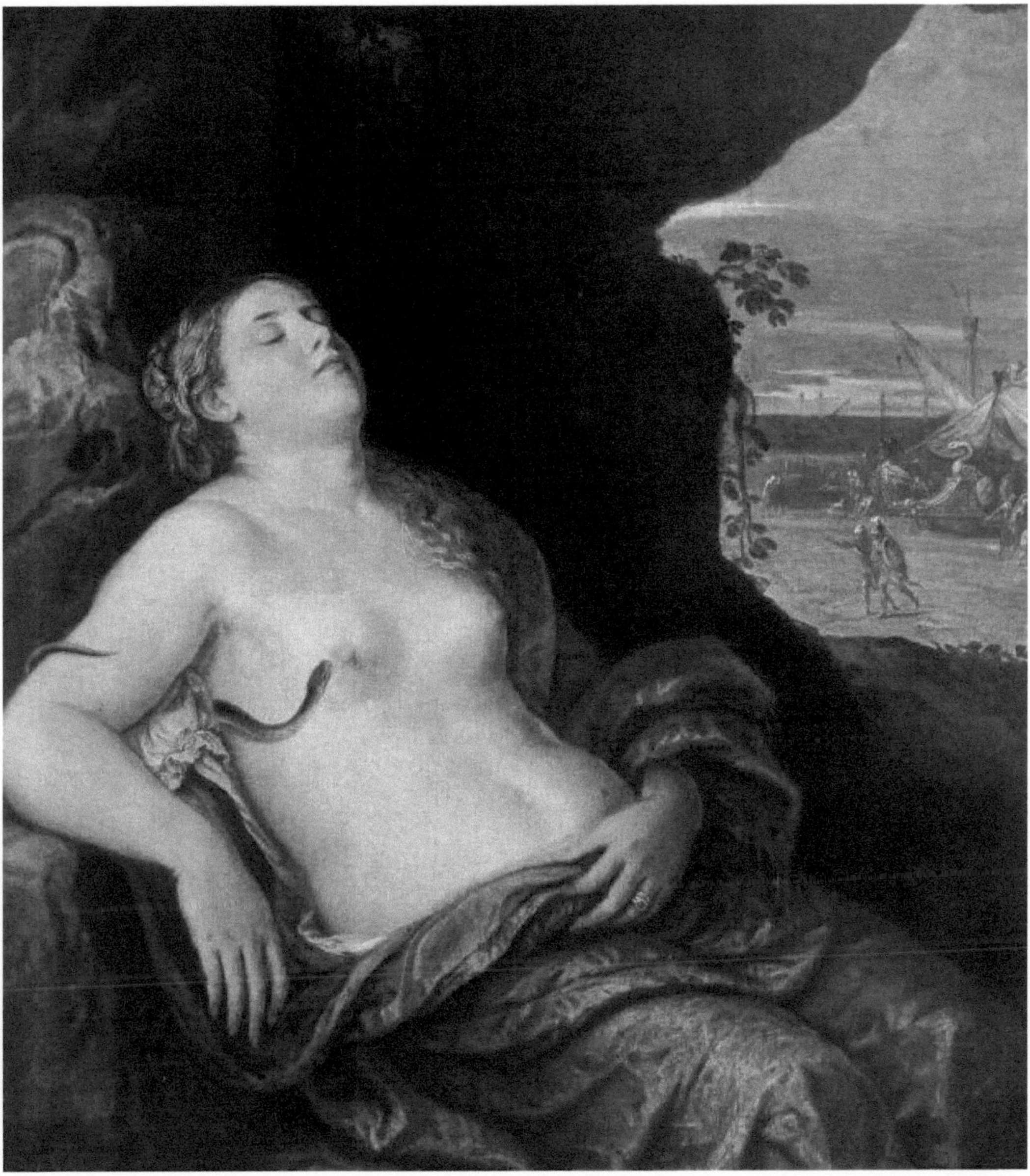

REMBRANDT VAN RIJN

(1606—1669)

Die sogenannte Holzhackerfamilie

Eichenholz; h. 0,45, br. 0,67 m

An diesem Thema der neutestamentlichen Geschichte zeigt Rembrandt so recht seines Geistes Eigenart. Darzustellen ist der fleischgewordene Weltheiland als Kind bei seinen Eltern, was man sonst die heilige Familie nennt, also gewiß ein geistig schwerwiegender Gegenstand. Die romanische Kunst faßt ihn gewöhnlich mit feierlichem Pomp im Rhythmus der Linien und in zusammenschließender Komposition auf, nicht ohne Zutat der Engel, die das göttliche Kind verehren. Auch zeichnet sie meist den Jesusknaben durch einen Heiligenschein aus oder durch selbstleuchtende Transparenz seines Körpers. Diese äußerlichen Mittel, das Überirdische zum Ausdruck zu bringen und ihm zu seinem kirchlichen Rechte zu verhelfen, verschmäht Rembrandt, dieser typische Vertreter germanischer Stammes- und protestantischer Sinnesart, völlig; er versetzt die „heilige" Familie in eine rein bürgerliche Atmosphäre, was im vorliegenden Falle in der Bezeichnung des Bildes als „Holzhackerfamilie" seinen populär zutreffenden Ausdruck gefunden. Durch die wunderbaren Mittel seiner Kunst aber weiß er dieses anheimelnde Bild trauten Mutter- und Kindesglückes in eine höhere Sphäre zu heben, so daß wir selbst ohne Zutat des gemalten Vorhangs und Rahmens ahnen würden, es sei hier etwas Ungewöhnliches dargestellt. In diesem roten Vorhang und dem goldig warmen Rahmen, die wohl die meisten der Beschauer mit verständnislosem Erstaunen betrachten, zeigt aber Rembrandt so recht die phantasievolle Erfindungskraft und das Feingefühl des Genius. Zweierlei Zwecke erreicht er durch diese beiden scheinbar unmotivierten Zutaten: einen äußerlich künstlerischen und einen innerlich geistigen. Er braucht diesen sattroten Farbenfleck des Vorhangs zunächst aus rein malerischen Gründen, denn man denke sich ihn weg und an seiner Stelle als einzige Möglichkeit die licht- und farbenverzehrende dunkle Abenddämmerung nach rechts vor dem Stalle fortgesetzt, und die Harmonie und das Gleichgewicht im Bilde wären völlig aufgehoben — die linke Seite mit der mannigfach ausgestatteten Kinderstube samt der menschlichen Gruppe in wechselndem Spiel von Farbe und Licht reich dotiert und stark betont, die rechte aber düster leer, bedeutungslos. Also der rote Vorhang ist ein kategorisches malerisches Postulat. Dies zunächst äußerlich. Dann aber gewinnt Rembrandt durch ihn ein Hilfsmittel, wodurch er zugleich die seelische Bedeutung des Bildes erklärt, indem er zum Betrachter sagt: „Ich habe Euch hier ein Stück christlicher Mystik dargestellt, das ich durch das Ungewöhnliche des Vorhangs davor andeute und schütze. Seid Ihr in gesammelt andächtiger Stimmung, es zu verstehen und zu genießen, so lasse ich den Vorhang zurückgezogen, wenn nicht, so ziehe ich ihn vor und hülle mein Geheimnis ein." Ähnlich kann er den feierlichen Rahmen erklären. Er hat ihn hinzugemalt, um dieses Bild irdischen und himmlischen Lebens seelisch zu urgieren und zugleich koloristisch zu heben. Eigenartig und geistvoll erscheint übrigens auch, wie Rembrandt den Nährvater Joseph hier in Rapport mit seiner Familie setzt. Auf den ersten Blick erscheint er ganz außer Beziehung zu ihr. Man sieht ihn kaum draußen vor dem Stall in der tiefen Abenddämmerung. Erst bei schärferem Hinblicken erkennt man, daß er mit hochgeschwungener Axt seinem Handwerk als Zimmermann nachgeht. Das tut er aber — im Sinne des Malers — gewiß nicht in gleichgültig alltäglichem Dahinleben, gewohnheitsgemäß und ohne sich um seine Familie weiter gemütlich zu kümmern, sondern im Gegenteil, für sie ist er beschäftigt, in liebevoller Fürsorge arbeitet und sorgt er für sie. So war es gewiß die Absicht des Künstlers, als er diese lieblich schöne Familienszene komponierte und mit dem Funken seines Geistes und dem Schlag seines Herzens beseelte.

O. E.

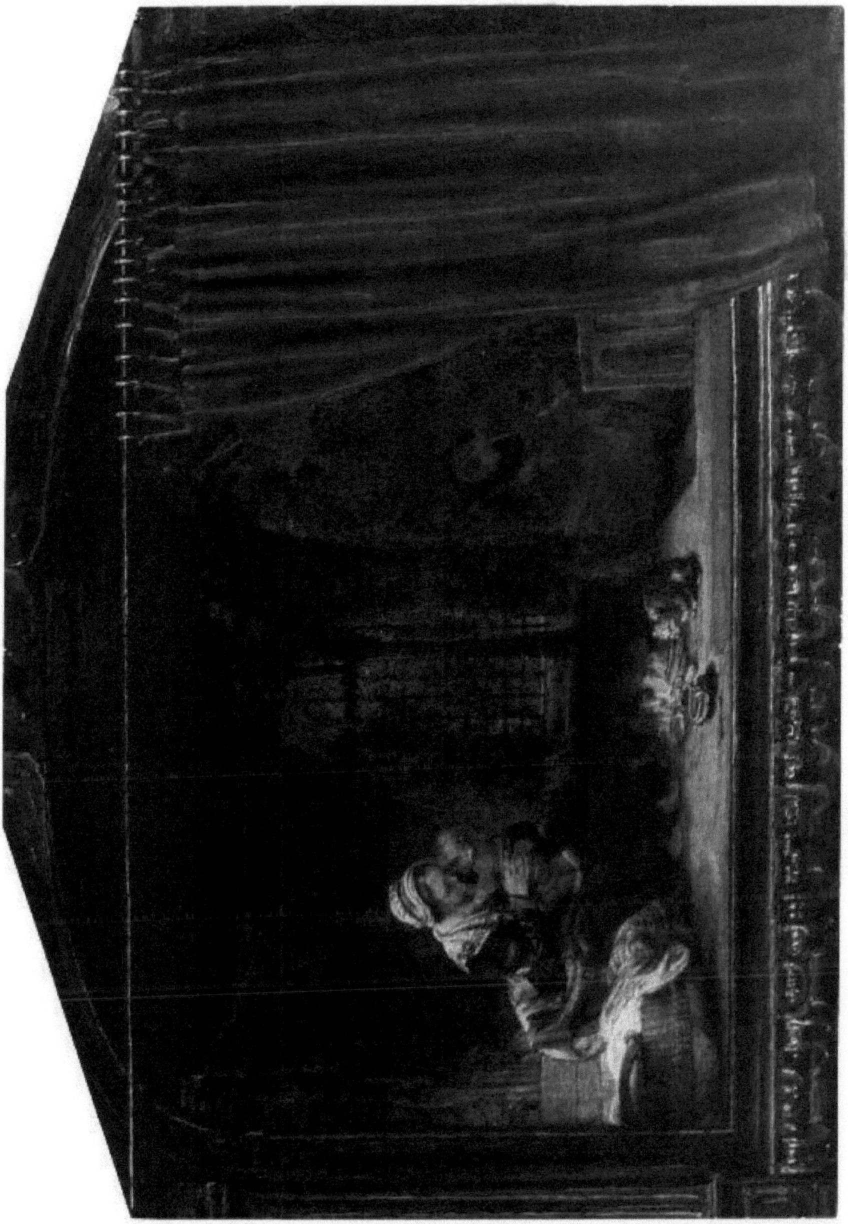

REMBRANDT VAN RIJN

(1606—1669)

Landschaft mit Ruine

Eichenholz; h. 0,66, br. 0,86 m

Der Maler der Bildnisse und der biblischen Geschichten entwickelt sich in dem zweiten Abschnitt seines Amsterdamer Aufenthalts — etwa seit Saskias Tode 1642 — zu einem bedeutenden Landschafter, der die meisten Spezialisten des Faches hinter sich läßt. In zahlreichen Zeichnungen sammelt er die Eindrücke der ihn umgebenden Natur; da ist alles beobachtet und oft das Kleinste liebevoll wiedergegeben. Auch seine Landschaftsradierungen (26 bis 28 echte, aus den Jahren 1641 bis 1651 datiert) haben diesen Wirklichkeitscharakter: eine große Naturtreue, die schlichte Auffassung des Heimatlandes ohne alle italienische Verschönerung. Man darf ohne Übertreibung sagen: Rembrandt beherrscht hier alles Detail und mit wenigen Strichen weiß er uns das ganz Unscheinbare so lebendig zu machen, daß wir es unmittelbar vor uns zu haben meinen. Das ändert sich, sobald er mit Farben malt. Alsdann wird alles Einzelne nicht mehr nach der Natur gegeben, sondern stark abgekürzt, manches sogar beinahe nur umgesetzt in Linien und Zeichen. Die Komposition wird kunstvoll und großzügig, der Maler wird zum Dichter, zunächst im Sammeln und Ordnen des Stoffes, sodann in der Verteilung des Lichts, über das er frei gebietet und auf dessen Wirkung ihm alles ankommt. Dem muß sich die Farbe unterordnen, die gebrochen und auf Haupttöne gestimmt, an den einzelnen Gegenständen gar nicht naturwahr sein will; Rembrandt wußte so gut wie wir, daß eine Landschaft in Wirklichkeit bei keiner Beleuchtung so braun sein kann, wie diese hier. Den ersten Eindruck gibt der großartige, wirklich architektonische Aufbau in mehreren Plänen, mit einem Plateau ganz oben, das nach links abfällt. Den zweiten das Licht, das ansehnliche Flächen einnimmt: die ganze Bildmitte bis in den Vordergrund liegt im Sonnenschein, und hinter dem Höhenzuge unter der dunkeln Wolke des abziehenden Gewitters steht der helle Himmel. Nun erst machen sich die einzelnen Gegenstände auf ihren verschiedenen Plänen uns bemerklich. Ganz unten in einem Dorf liegt eine Windmühle, davor ein Fluß mit Schiffen, Schwänen, einem Angler. Wohin will der rote Reiter, der links zum Bilde hinausreitet? Im Mittelgrunde sehen wir eine verfallene Brücke, die über den Fluß führt, und weiter oben am Berge eine Wassermühle mit einer angestauten Wasserfläche. Das alles ist holländisch, wenn wir es auch so eng zusammengestellt in der Wirklichkeit nicht antreffen könnten. Aber nun baut die Künstlerphantasie weiter aufwärts einzelne Häuser und altes Gemäuer auf und ganz oben eine verfallene Stadt mit einer römischen Tempelruine und spitzen Zypressen, die scharf in den hellen Himmel einschneiden. Das erinnert uns an den Blick auf den Palatin in Rom. So etwas kannte Rembrandt natürlich aus Kupferstichen und aus den Bildern seiner in Italien gewesenen Genossen, und er komponiert hier mit diesen Bestandteilen ebenso wie anderwärts. Auf einer diesem Gemälde ungefähr gleichzeitigen Radierung eines „heiligen Hieronymus in der Berglandschaft“ (B. 104) finden wir z. B. Baulichkeiten mit Erinnerungen an Tizian und Giorgione. Seine Gedanken suchen ein großes und vielgestaltiges, von Spuren der historischen Vergangenheit durchzogenes Ortsbild, und dann entfernt er sich von der wirklichen Natur, soweit er will. Die große Kasseler Landschaft, die beste in einer deutschen Sammlung, nicht datiert, muß um 1650 gemalt worden sein; sie kommt schon in dem ältesten Inventar (des Stifters Wilhelms VIII.) von 1749 vor.

A. P.

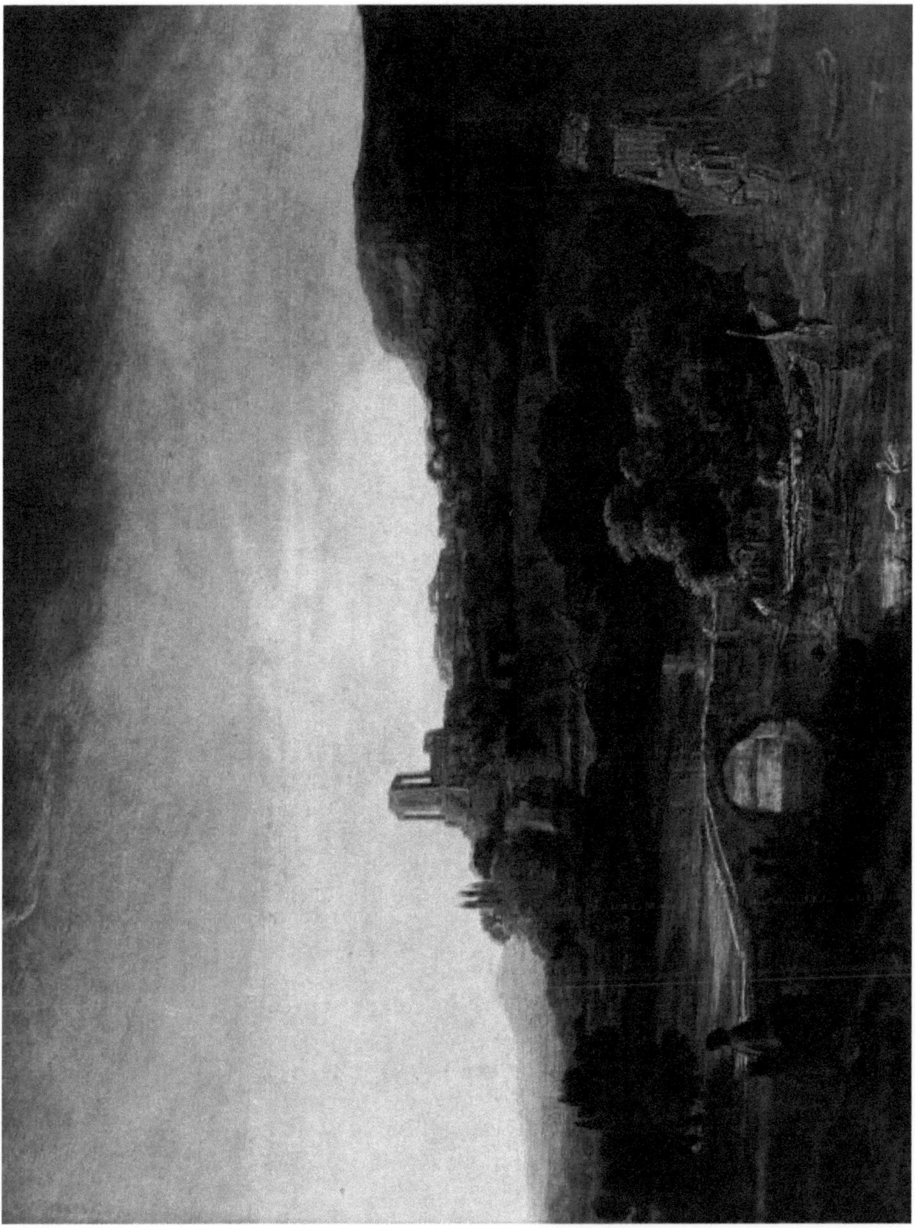

REMBRANDT VAN RIJN

15

(1606—1669)

Der Segen Jakobs

Leinwand; h. 1,74, br. 2,09 m

Aus der Kasseler Galerie, die an Meisterwerken Rembrandts die reichste ist, teilen wir hier noch ein drittes Bild von ihm mit. Ein alttestamentliches oder, wie man auch sagen kann, ein „Jugendbild“, deren er so viele gemalt hat. Die arbeitsamen, stillen Bewohner des Amsterdamer Judenviertels sagten ihm menschlich zu und in ihren Lebensformen zogen sie den Künstler an als das wandelnde Überbleibsel des alten Orients mit seiner feierlichen, farbenreichen Kultur; hier fand er für die Gestalten seiner Phantasie eine passende Umwelt, eine historisch stimmende und zugleich lebendige, gegenwärtige Lokalisierung, als er den kalvinistischen Holländern aus den ihnen vertrauten Geschichten des Alten Testaments ein erbauliches Hausbild schuf, zum Ersatz für die in ihren nun schmucklosen Kirchen entbehrlich gewordene Altartafel. Wie oft hat er sie für den heldenhaften Simson begeistert, gerührt mit dem frommen Tobias, unterhalten von der schönen Susanna oder Josef und Frau Potiphar! Da konnte er auch die Ausstattungsstücke seiner reichen Werkstatt anwenden, Kleider, Decken und Vorhänge von Seide und Sammet, Turbane, die seine Juden beinahe zu Türken machen, kostbare Juwelen, Schmuck, und die Augen ergötzen mit dem strahlenden Glanz seiner Farben. — Hier nun in diesem zwei Meter breiten Bilde haben wir eine ernste, rührende Familienszene. Der blinde Jakob segnet seine Enkel. Der grössere neigt verstehend mit gekreuzten Händen sein blondgelocktes Gesicht, der kleine Schwarzkopf sieht dumm in die Welt hinaus. Träumend und wie verklärt blickt die Mutter der Kinder vor sich hin, während Josef seinem Vater die Hand führt. Ergreifender kann der Vorgang nicht gedacht werden, und die Durchführung ist von erschöpfender Sorgfalt, nichts flüchtig oder skizzenhaft; aus der goldbraunen Tönung leuchten prächtig und mild zugleich die sanft gebrochenen Farben. Und das Merkwürdigste ist, dass dieses vollendete Werk der höchsten Meisterschaft nach seiner Datierung (1656) in die Zeit fällt, wo Rembrandts Insolvenz vor der Amsterdamer Schuldkammer öffentlich festgestellt war. Traurige Jahre folgten. Der Segen Jakobs leitet seine dritte und letzte Amsterdamer Periode ein. A. P.

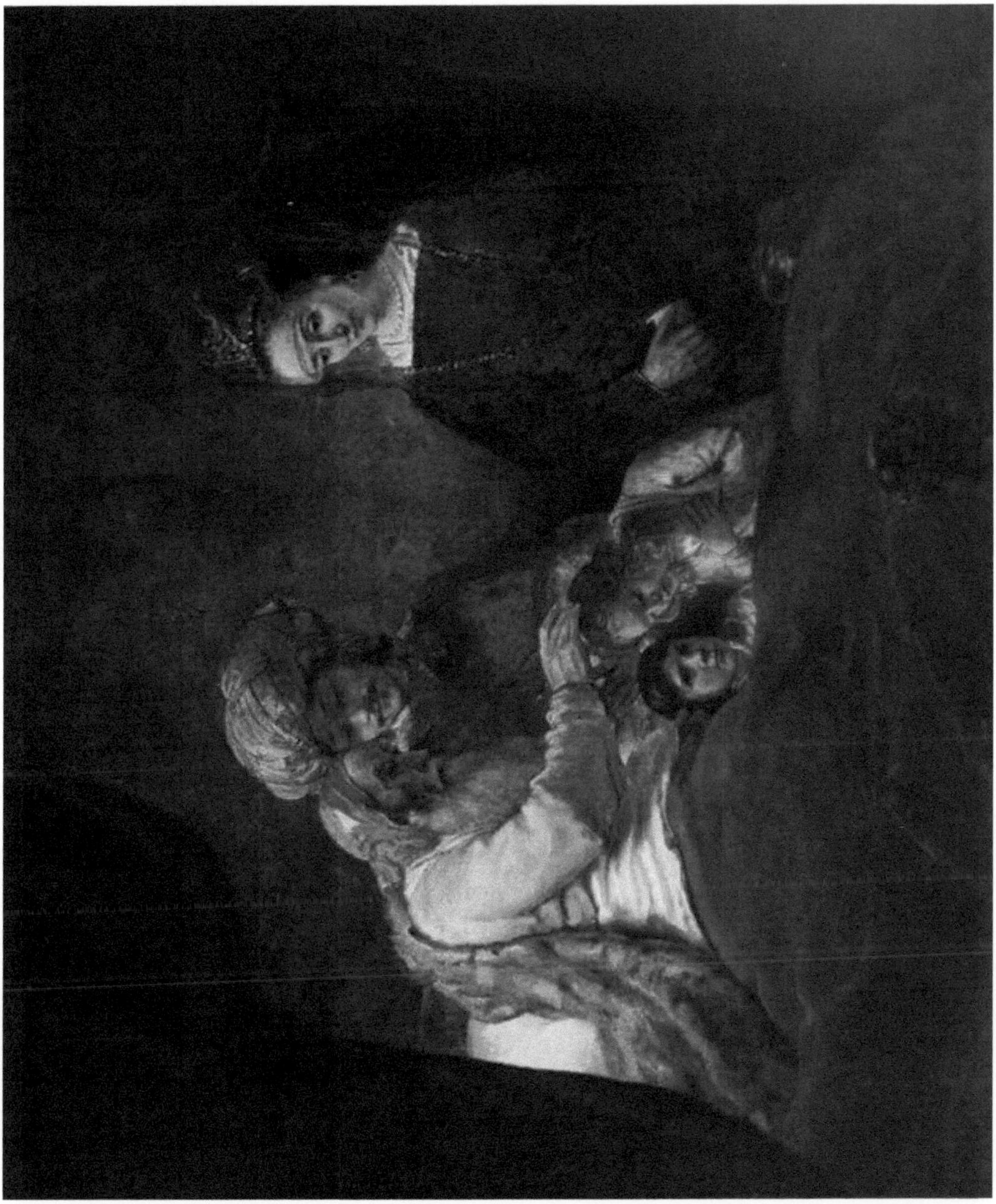

JAN STEEN

(um 1626—1679)

Das Bohnenfest

Leinwand h. 0,80, br. 1,05 m

16

Jan Steens Gemälde sind meist nicht nur künstlerisch hervorragend und anziehend, sondern auch im Gegenstand unterhaltend, denn er ist mehr als Maler, er ist nebenbei Humorist und Satiriker. Und diese Eigenschaft zieht doch gemeinhin mehr an, als die des Künstlers. Trotzdem ist Jan Steen der breiten Schicht der Galeriebesucher so gut wie unbekannt. Ja selbst den Gebildeteren in Deutschland ist kaum sein Name geläufig, geschweige denn sein Werk. Die beißenden Satiren Hogarths kennt jeder, die harmlosen Spöttereien und lustigen Schnurren Jan Steens fast niemand. Woher kommt das wohl? Einen Wouwerman, Teniers, Ruisdael, Ostade führt alle Welt im Munde, warum nicht auch unseren trefflichen Jan Steen? Vielleicht erklärt es sich daraus, daß nicht viel Werke von ihm, die ins Gewicht fallen, in Deutschland zu finden sind, von bekannten Sammlungen nur in Kassel und Braunschweig, während die großen Galerien, wie Dresden und München überhaupt nichts von Belang, Berlin nur ein oder zwei umfänglichere und einige bescheidenere Sammlungen wohl eine Reihe kleiner feiner Bilder, aber nichts ins Auge Fallendes besitzen. Man braucht sich keines sanguinischen Lokalpatriotismus schuldig zu machen, wenn man das Kasseler Bohnenfest unter den Werken Steens in Deutschland, selbst im Vergleich mit dem Heiratskontrakt in Braunschweig, für das vollendetste hält. Zeigt es ihn doch als ebenso großen Maler wie überlegenen Kenner der Menschen und liebenswürdig heiteren Schilderer ihrer kleinen Schwächen. In dem Braunschweiger Bilde schwingt er die Geißel übermütigen Spottes etwas stark nach einer Richtung hin mit Anspielungen, die unseren heutigen Umgangssitten wenig mehr entsprechen. Doch in dem Kasseler Werk wird die fidel angeheiterte Mutter des kleinen Bohnenkönigs und der ausgelassene Rommelpotspieler, in dem man den Maler selbst sieht, höchstens bei einem griesgrämigen Misanthropen Anstoß erregen. Im übrigen ist die Bohnenfestgesellschaft in feinen Abstufungen von einer so hinreißenden und doch so harmlosen Lustigkeit erfüllt, daß es eine wahre Herzensfreude ist. Nehmen wir das Hoforchester mit den grotesken Instrumenten, gehandhabt von den Geschwistern des kleinen Königs, daneben die von dem trinkfesten Enkel gleich der Mutter entzückte Großmama, die ihm das große gefüllte Glas hinhält, dann die Schwiegermutter in der Mitte jenseits des Tisches mit den behaglich über dem Embonpoint gekreuzten Händen, den gemütlich lachenden und schreienden Gevatter neben ihr, den feinen jungen Geiger, die gutmütig grinsende alte Magd, die mit einer Schüssel voll Waffeln herzueilt, um die unersättliche Gesellschaft nicht verhungern zu lassen, endlich den etwas grämlich dreinschauenden Herrn Pfarrer (?), dem ein Zettelchen mit der Bezeichnung „Pastor“ an der Kopfbedeckung steckt, während der Rommelpotspieler mit dem Spottwort „Sot“ ausgezeichnet ist, so haben wir eine Gesellschaft beisammen, die an fröhlicher Ungebundenheit und zwingender Komik wahrlich ihresgleichen sucht. Und malerisch ausgestattet ist sie von dem Meister mit einer Feinheit, die mit schlagender Überzeugungskraft die Fabel, Jan Steen sei ein Lüdrian im Dienste seiner Schankwirtschaft gewesen, zunichte macht. Das Bild, auf das er sehr viel gehalten haben muß, ist mit dem vollen Namen und dem Jahr 1668 bezeichnet.

O. E.

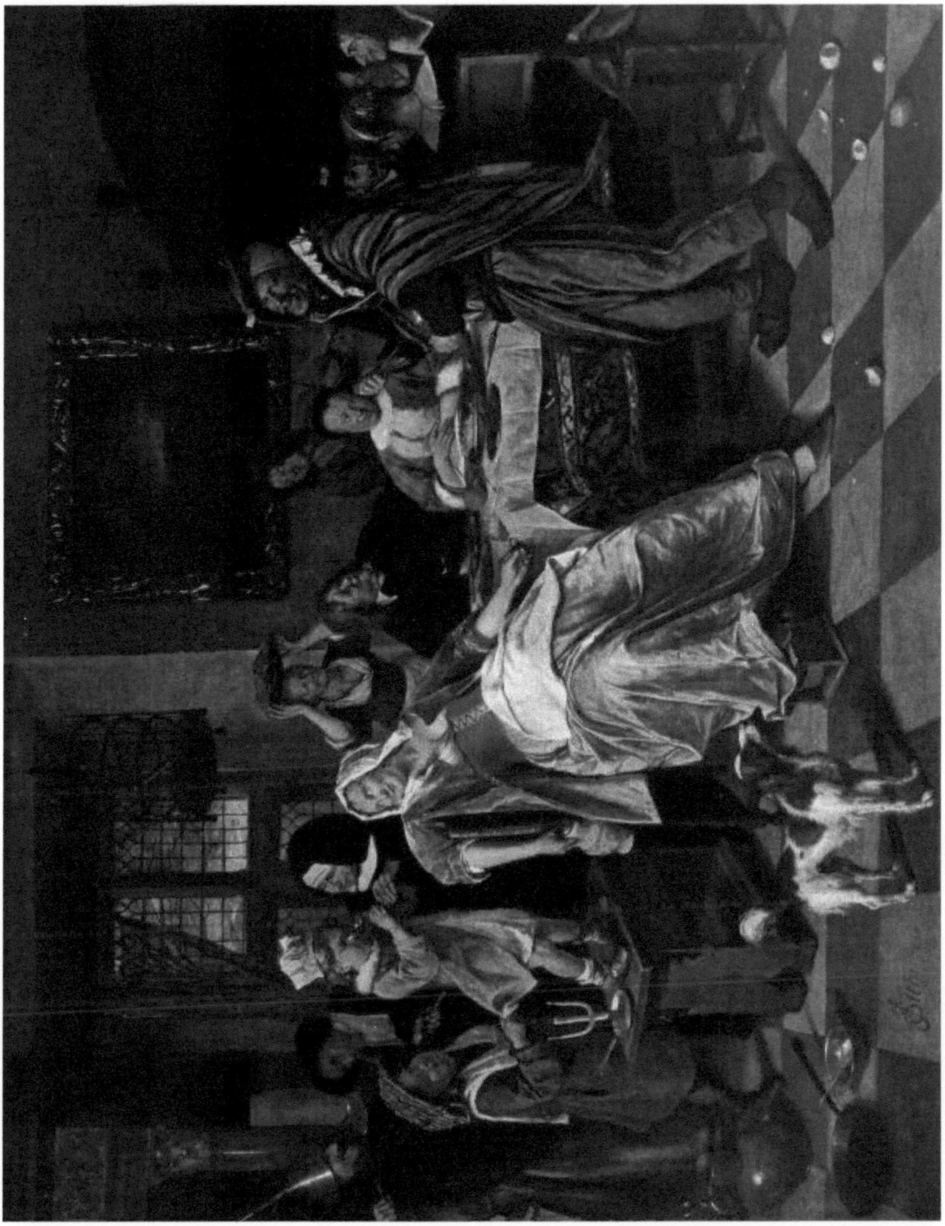

PHILIPS WOUWERMAN

(1619—1668)

Der Scheck vor der Schmiede

Eichenholz: h. 0,33, br. 0,37 m

Der als Pferdemaler bekannte und durch seine Schimmel berühmt gewordene Künstler ist eigentlich ein Landschafter, und er lebt auch in der Stadt, wo die Landschaftsmalerei der Holländer vorzugsweise zur Blüte gekommen ist, in Harlem. Als Figurenzeichner ist er der Schüler von Frans Hals und zur Staffierung seiner Landschaften benutzt er vorzugsweise das Pferd, aber er zeichnet auch Menschen und was überhaupt an Figuren vorkommt, und alles mit der gleichen Sicherheit und Eleganz. Interessant oder porträtmässig bedeutend sind diese Figuren nie, sie genügen gerade, um das Terrain zu beleben, und die Wirkung der Bilder beruht auf ihrem gewöhnlich angenehmen und freundlichen Gesamteindruck. Und je einfacher Wouwerman ist, je weniger interessant er in seinen Gegenständen sein will, desto eher kann er uns befriedigen. Die alltäglichen Szenen aus dem holländischen Leben, eine Korn- oder Heuernte, ein über Land fahrender Wagen, Bauern zu Pferde oder auch Jagdzüge feiner Herrschaften sind uns lieber als die anspruchsvollen Kriegsbilder mit Reitergetümmel und Pulverdampf, die gewöhnlich auch grösseren Umfang haben, aus seiner späteren Zeit. Denn je kleiner sein Format, desto feiner ist gewöhnlich seine Kunst, die durchaus als Kabinettsmalerei angesehen sein will. Darum legt er auch Wert auf Farbenwirkung und hat als Kolorist eine Entwickelung, die sich an seinen Werken verfolgen lässt: die frühesten Bilder sind am stärksten lokalfarbig, allmählich kommt ein Gesamtton zur Geltung, goldwarm oder silbergrau, ohne dass die Einzelfarben zu wirken aufhören, und dieses feine künstlerische Spiel gibt der Betrachtung den Hauptreiz. Die älteren Bilder haben wieder ihre besonderen Vorzüge durch die Naturfrische der Landschaft, die mehr Raum einnimmt, da die Staffage jetzt nur erst aus wenigen Figuren zu bestehen pflegt. Ganz zuletzt wird der Künstler zwar oft fabrikmässig und nachlässig, aber daneben bringt er doch auch wieder die schönsten Sachen. Im ganzen mag er während seiner etwa dreissigjährigen Tätigkeit tausend Bilder gemalt haben, also alle vierzehn Tage eins, gegen 700 lassen sich noch nachweisen. Sie waren schon zu seiner Zeit gesucht und sind allem Geschmackswandel zum Trotz immer begehrt geblieben bis auf den heutigen Tag. Ein guter Wouwerman bringt unglaublich hohe Preise, wenn er überhaupt auf den Markt kommt. Denn das Meiste und Beste ist längst in den grossen alten Sammlungen geborgen, so lange schon, dass z. B. das verhältnismässig spät gegründete Berliner Museum nur sechs Stücke aufweist, davon die Hälfte aus den königlichen Schlössern, gegenüber den mehr als sechzig in Dresden und den je zwanzig in München und Kassel. — Unser Bild gehört nach der Art der Ausführung und der Form seines Monogramms (datiert hat Wouwerman nur selten) in die mittlere, beste Zeit. Es hat ein ganz kleines Format (33 zu 37 Zentimetern) und den Charakter der feinsten Kabinettsmalerei: dafür und für den Farbenton kommt namentlich der Mittelgrund in Betracht. Einer Erklärung bedarf dieser populärste und eigentlich selbstverständliche Darsteller in seinen Gegenständen so gut wie niemals. Hier wären höchstens die vielen kleinen Nebenvorgänge, die die Haupthandlung umgeben, zu beachten, spielende Kinder, ein Ziegenbockgespann, eine Obstverkäuferin, das Bauernfuhrwerk und der Reiter, die aus dem Mittelgrunde herankommen, und alle diese naturwahr gezeichneten Figuren, Menschen und Tiere, sind sicher und mit feinem Geschmack in den für sie bestimmten Raum gesetzt. Zu Wouwermans Zeit bevorzugte man schon die für vornehmer geltende italienische Richtung, und mancher echt holländische Figurenlandschafter, den wir heute hoch bezahlen, hatte damals kaum sein Auskommen. Wouwerman verstand es, sein Publikum ohne die italienische Verfeinerung zu gewinnen. A. P.

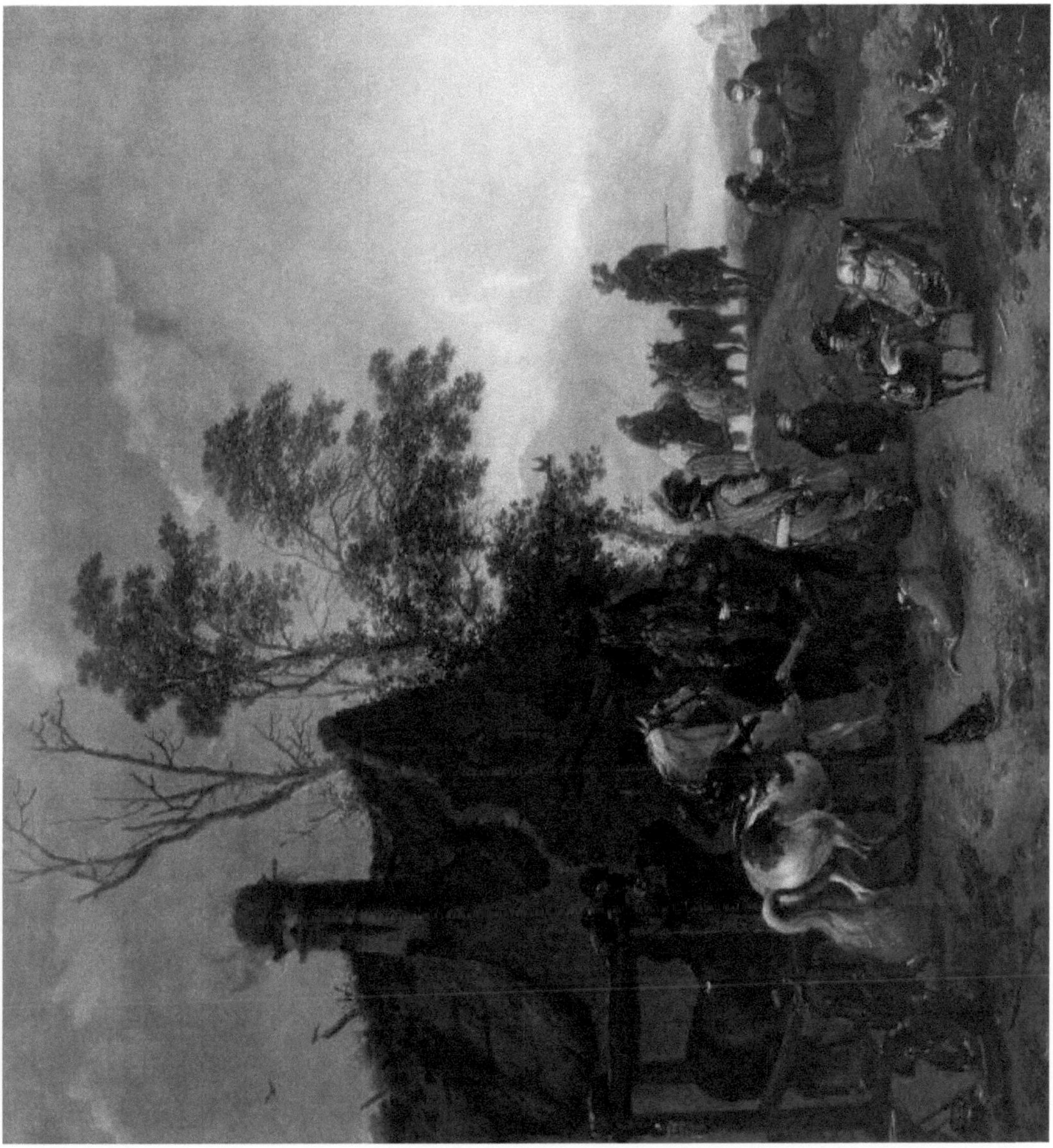

PHILIPS WOUWERMAN

18

(1619—1668)

Feldarbeiter bei der Mittagsrast

Eichenholz; h. 0,32, br. 0,35 m

Wouwerman war ein vortrefflicher Pferdemaler und bevorzugte dabei, wie bekannt, den Schimmel, dem er, wie auch zuweilen in der Nuance eines Schecken, fast ausnahmslos in jedem seiner Bilder eine dominierende Rolle zuteilte. Diese Eigenheit hat ihn populär gemacht. Wenn man aber glaubt, Wouwerman durch den Beinamen „der Schimmelmaler" genügend charakterisiert zu haben, so ist das ein Irrtum. Denn der Schimmel, den er als pikanten Lichtfleck auf seinen Kompositionen verwendet, ist nur ein kleiner malerischer Trick, der seine künstlerischen Qualitäten bei weitem nicht erschöpft. Sie sind reicher, als man gewöhnlich annimmt, und mannigfaltiger, als es auf den ersten Blick erscheint, ist auch die Wahl seiner Stoffe. Um letzteres zu begründen, braucht man nur den Stoffkreis der 23 Werke von ihm zu betrachten, die einen Ruhmestitel der Kasseler Galerie bilden. Jagden, Reitschulen, Pferdeställe, Schmieden, Kriegsbilder stehen in reicher Mannigfaltigkeit neben ländlichen Idyllen, Ernteszenen, rastenden Bauern und Strandbildern. Daß Wouwerman das Pferd gleich Jonathan Swift besonders hoch schätzt und ihm eine bevorzugte Stellung selbst dem Menschen gegenüber einräumt, wenn auch nicht in der tendenziösen Weise dieses scharfen englischen Satirikers, ist ja richtig. Aber auch andere Tiere, wie Wild, Hunde, Ziegen, Geflügel, Fische zieht er in den Gesichtskreis seines Mikrokosmos, dem eine koloristisch fein abgestufte Landschaft als fester Grund dient, auf dem sich wie im Paradies Mensch und Tier als gleichberechtigte Kreatur bewegt. Dabei wird seitens des Künstlers allem, was da fleucht und kreucht, oder seine Stirn unter dem Himmel hoch trägt, wie Adam, eine gleich eingehende malerische Durchdringung zuteil. Und eine unvergleichliche Solidität der Technik hat die Schöpfungen Wouwermans auf die Nachwelt kommen lassen, als ob sie erst gestern aus seiner Werkstatt hervorgegangen wären. Nicht gerissen, nicht nachgedunkelt, klar, leuchtend und liebevoll durchgeführt stehen sie vor uns, eine eigene, farbenfreudige kleine Welt. Mit fast verschwenderischem Reichtum in den malerischen Einzelheiten sind fast alle seine Werke ausgestattet, aber manchmal haben sie, wie seine Kriegsszenen, seine Stallbilder und ähnliches etwas Konventionelles, Stereotypes. Dagegen andere, wie das hier nachgebildete, sind von einem gemütvollen, eigentümlich ergreifenden Zuge belebt. Und ihnen gebührt vor allen anderen im Werk des trefflichen Meisters die Palme, denn sie tun dem Auge wie dem seelischen Empfinden des Betrachters gleich wohl. Fast alle Werke Wouwermans befinden sich in öffentlichen Sammlungen und sehr selten kommt ein echtes Bild von ihm auf Auktionen vor — ein Beweis, wie hoch geschätzt er von jeher war. O. E.

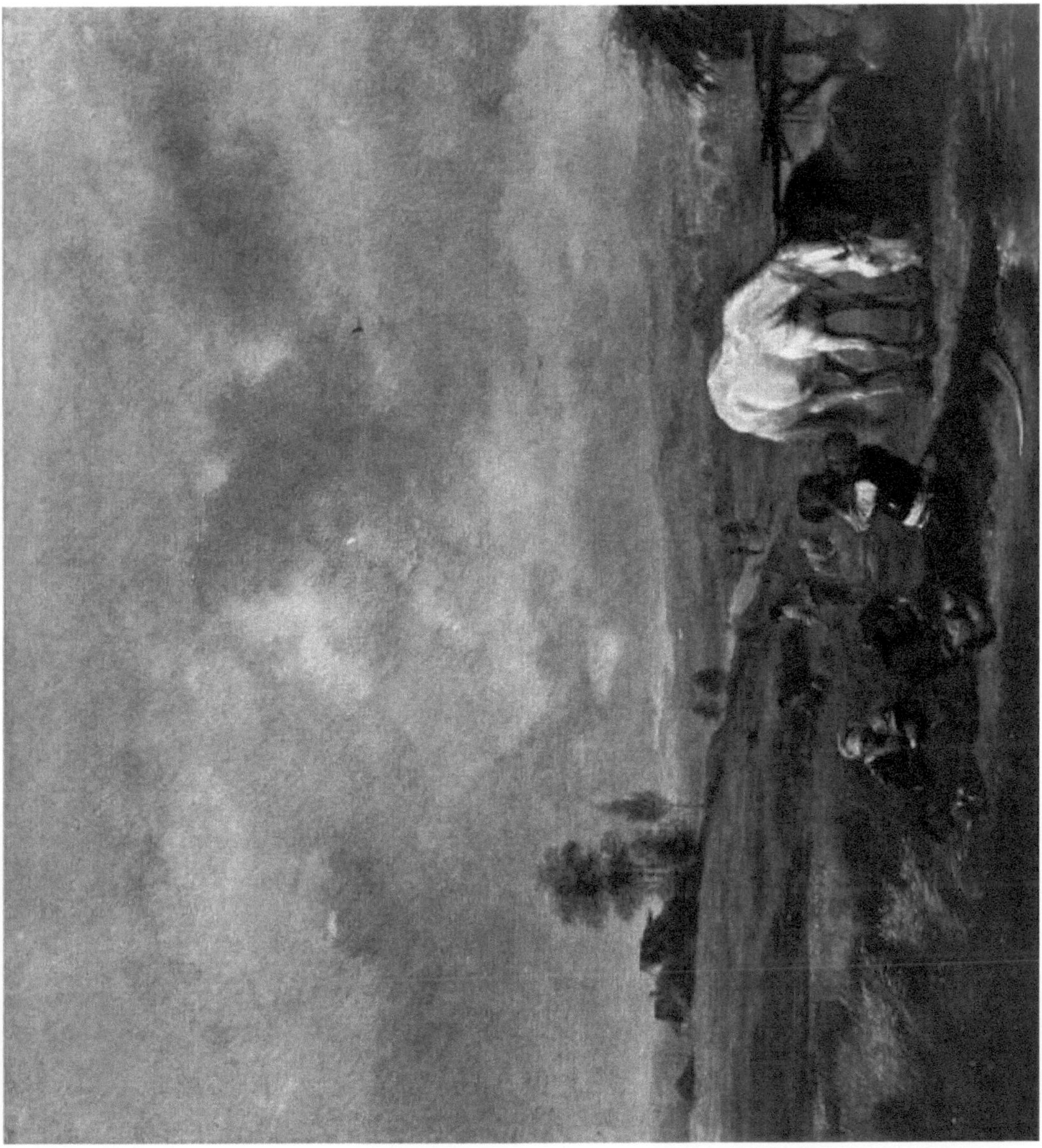

ADRIAEN VAN DE VELDE

(1635—1672)

Strand von Scheveningen

Leinwand; h. 0,50, br. 0,72 m

In Amsterdam lebte neben dem Figurenlandschafter Klaas Berchem ein jüngerer Maler dieses Fachs, ein Sohn des angesehenen Marinemalers Willem van de Velde, dessen anderer Sohn, Willem, gleichfalls Seemaler war. Adriaen van de Velde, der von Wouwerman und Potter gelernt und später auch manchmal seinem erfolgreicheren Nebenbuhler Berchem nachgestrebt hat, ist feiner und geistiger als dieser und namentlich in der Zeichnung der Figuren (Tiere, vorzugsweise Hornvieh, aber auch Menschen der verschiedensten Art) ihm unbedingt überlegen. Seine Bilder waren zu seiner Zeit, als man in Amsterdam anfing die italienischen Richtungen zu bevorzugen, wenig gesucht, sie haben nur manchmal einen leise an Italien erinnernden Anflug, und erst in neuerer Zeit ist, zuerst in England, ihre Schätzung bedeutend gestiegen. Man bewundert die Wiedergabe von Luft und Wasser, von Sonnenlicht und Wolken. Das Naturbild ist wahrer und einfacher als bei Berchem, der in seiner Flottheit gern übertreibt und viel mit künstlichen Beleuchtungen arbeitet. Noch bekannter als durch seine Bilder, die in unseren Sammlungen niemals in grosser Zahl vorkommen, ist Adriaen van de Velde durch seine Staffage geworden, die er in die Bilder anderer gesetzt hat. Diese manchmal ganz kleinen, immer deutlichen und lebendigen Menschen und Tiere begegnen uns in den Landschaften von Ruisdael, Hobbema und vielen anderen, und wir bemerken es gleich, wenn bei diesem und jenem anstatt seiner einmal ein Ersatzmann eintritt, der dann seine Sache viel weniger gut macht als er, der sich das stehende Lob eines „geistreichen" Staffagisten gesichert hat. Gegen das Ende seines sehr kurzen Lebens scheint er kränklich gewesen zu sein, seine Kunst nimmt in diesen letzten Jahren auffallend ab. — Ausser Viehweiden, die am häufigsten sind, und Waldbildern mit Tieren und Menschen hat er auch Strandansichten gemalt. Unser feines, silbertoniges Bild aus seiner besten Zeit (1658) zeigt uns Scheveningen bei ebbendem Meer mit einer Staffage, die nicht bloss zierlich ist. Man sehe sich die einzelnen Figuren an, wie sie wirken, die Stehenden, die Gehenden und die lebhafter Bewegten und Beschäftigten, man verfolge sie vom Vordergrund anfangend bis in die Tiefe des Bildes: wie sie leben, wie sie den Raum aufklären. Was wäre dieser Strand ohne diese Menschen!

A. P.

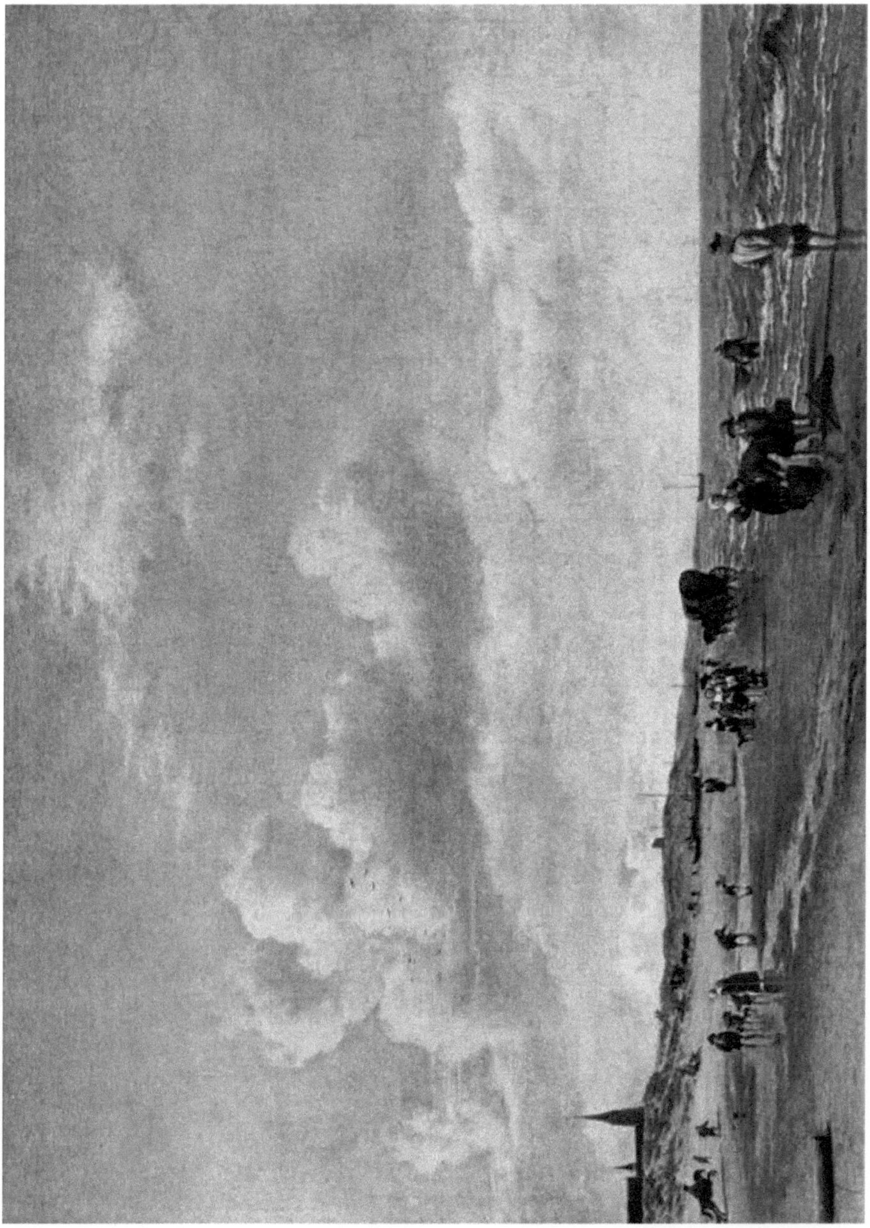

MELCHIOR D'HONDECOETER

(1636—1695)

Der weiße Pfau

Leinwand; h. 1,42, br. 1,78 m

Die Kunstgeschichte registriert im ganzen drei Maler mit dem Namen Hondecoeter. Gillis d'Hondecoeter, der zu den Antwerpener Landschaftern gehörte, ist seit dem Jahre 1615 in Amsterdam nachweisbar, wo er 1638 starb. Bilder von ihm sind selten, sein ältestes dürfte das in der Schleißheimer Galerie befindliche Waldbild sein, das die Jahreszahl 1609 trägt. Weitere Stücke von seiner Hand befinden sich in Kassel, Dresden, Berlin, Stockholm. Diese letztgenannte Stadt bewahrt seine merkwürdig feine Landschaft „Orpheus unter den Tieren". — Gillis' Sohn Gysbert d'Hondecoeter war sowohl Landschaftsmaler wie sein Vater als auch Geflügelmaler wie sein berühmter Schwager Jan Weenix und ist gerade auf letzterem Gebiete der Vorläufer und Lehrer seines berühmten Sohnes Melchior geworden, der ein Meister des holländischen Hühnerhofs genannt werden darf. Unter den fünf Werken, welche die Kasseler Galerie von Melchior besitzt, die ihn in seiner vollen künstlerischen Kraft zeigen, ragt durch Eigenartigkeit das hier reproduzierte Gemälde ganz besonders hervor. Es zeigt uns nicht eigentlich einen Geflügelhof, sondern im Vorgrunde eines rechts nach hinten vor einem Schloß sich ausdehnenden Parkes eine Anzahl von Geflügelarten, deren Mittelpunkt ein imposanter weißer Pfau bildet. Hondecoeter hat sich mit Schaffung dieses Zentrums eine der schwierigsten Aufgaben gestellt, die ein Maler sich selbst stellen kann, indem er einen großen weißen Fleck in die Mitte seines Bildes setzt. Denn diese Verneinung jeglicher Farbe im konzentrierten Licht bedarf zur malerischen Überwindung einer Geschicklichkeit, deren sich nicht jeder Künstler rühmen kann. Hondecoeter hat sie aber bewunderungswert gelöst. Er hat das an sich im Sonnenlicht blendend weiße Gefieder des Tieres in graue, fein nuancierte, durch Halbschatten mannigfach belebte Töne aufgelöst und dadurch seinem Bilde einen harmonischen statt eines grellen Mittelpunktes gegeben. Deshalb gehört auch dies Gemälde zu seinen auserlesensten Werken und erregt die Bewunderung aller Besucher der Kasseler Galerie. Die Umgebung des weißen Pfaues bilden verschiedene andere Hühnerhofbewohner, unter denen sich zwei stahlblau und grünlich schimmernde Wasser- oder Sumpfvögel mit hohen Beinen befinden, die heutzutage wohl unter dem zahmen Geflügel nicht mehr vorkommen. Zu dieser reichen Gruppe gefiederter Hofbewohner gesellt sich auf einer Mauer dahinter ein kleiner lustiger Affe, der sich die öligen Körner einer neben ihm emporragenden Sonnenblume schmecken läßt, ein Realist, der sich um die auf der anderen Seite aufgeblühten duftenden Rosen nicht kümmert. Jedenfalls bot jener langbeinige Vogel dem Maler gute Gelegenheit, durch die Wiedergabe seines schillernden Gefieders zu glänzen und Hondecoeter hat sie sich nicht entgehen lassen. Zu diesen beiden Vögeln treten noch hinzu ein Hahn, Hühner und ein Fasanenpaar in reicher Abstufung der Farbe ihrer Federn und in lebendigster Bewegung und Beziehung zueinander. Rechts aber schließt das Bild, wie gesagt, mit einem Ausblick auf einen vornehm sich hinstreckenden Park mit Springquell und Schloß in gedämpfter Ferne harmonisch ab.

O. E.

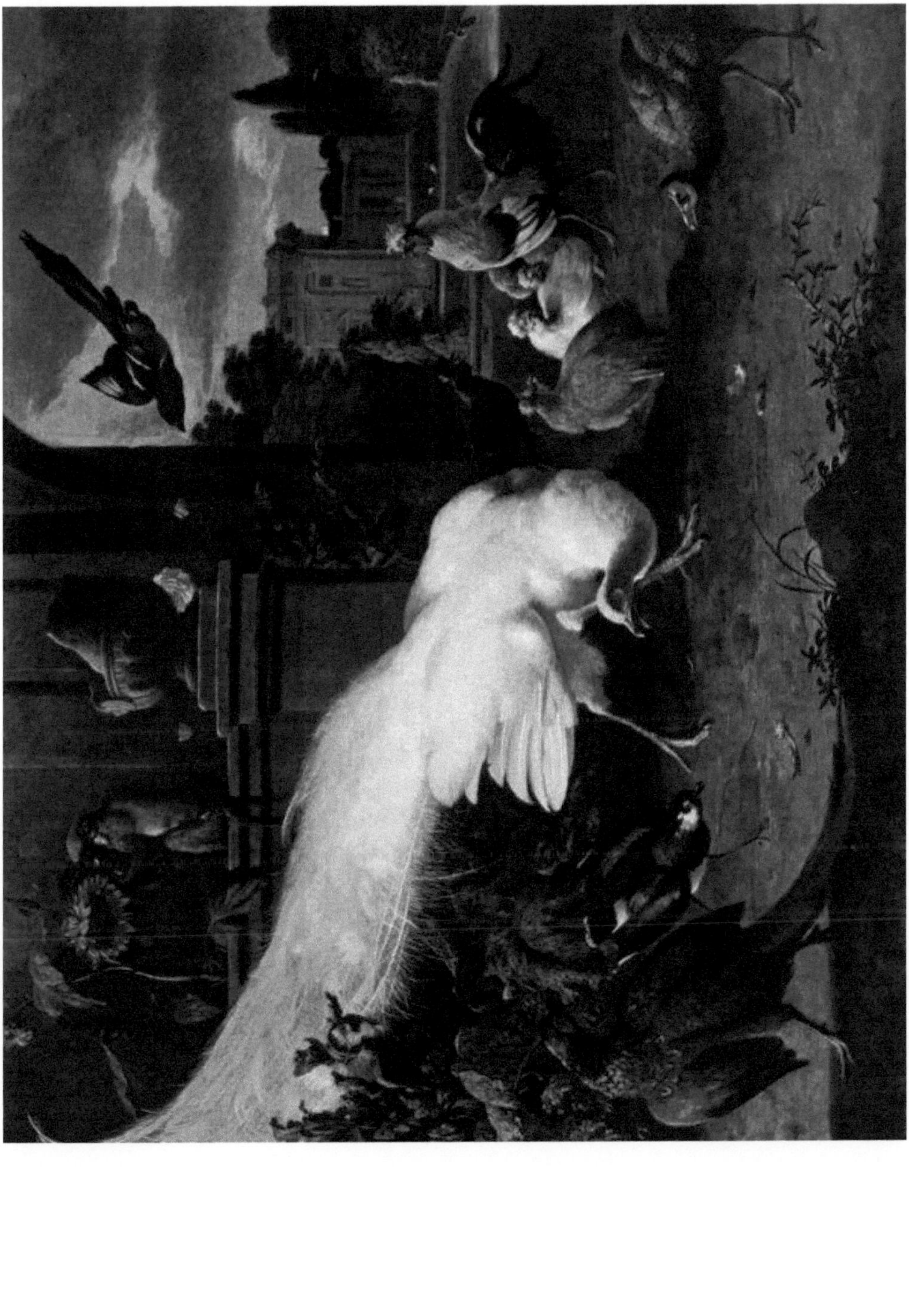

JACOB SALOMONSZOON VAN RUISDAEL

(1630/40—1681)

Die Herde am Waldeingang

Eichenholz; h. 0,55, br. 0,82 m

Dieser vormals fast verschollene und auch heute nach Bredius' erfolgreichen Forschungen dem Laien unbekannte Landschafter ist dennoch wert, der Betrachtung der Kunstfreunde zugeführt zu werden. Sohn des Salomon van Ruysdael und Vetter des berühmten Jacob I. ward er 1664 als Meister in die Gilde von Haarlem aufgenommen, verlegt aber 1666 seinen Wohnsitz nach Amsterdam. Man hat alle Ursache seinen Vater auch als seinen Lehrer zu betrachten, da ihre Werke auffallend viel Ähnlichkeit miteinander haben und früher öfters verwechselt wurden. Doch ist Salomon Ruysdael der ungleich bedeutendere und auch fruchtbarere Künstler. Die in öffentlichen Sammlungen und Privatbesitz befindlichen Werke des Sohnes belaufen sich auf kaum mehr als ein Dutzend, wobei allerdings nicht zu vergessen ist, daß sich früher und wohl auch jetzt noch manch ein Bild von ihm im Kunsthandel, richtig oder falsch benannt, umhertrieb und -treibt. Er lag neben der Malerei auch dem Strumpfhandel ob und wird eine solch praktischere Tätigkeit für ihn wahrscheinlich einträglicher gewesen sein als das Bildermalen, wie es ähnlich noch manchem anderen, selbst höher begabten Maler im damaligen Holland ergangen ist. Später muß unser Jacob wieder nach Haarlem zurückgekehrt sein, denn im November 1681 starb dort ein Jacob Ruisdael, der zweifelsohne identisch mit diesem Sohne des Salomon ist. — Die hier wiedergegebene Landschaft war früher seinem berühmten Vetter, dann seinem Vater, endlich dem als Maler in der Luft schwebenden Izaak van Ruisdael zugeschrieben, bis sie zuletzt nach Vergleich mit seinen anderwärts befindlichen bezeichneten Gemälden als sein Werk erkannt wurde. Wenn wir oben von der Ähnlichkeit seiner Malweise mit der seines Vaters sprachen und der darauf gegründeten bestimmten Annahme, er sei auch dessen Schüler gewesen, so ist das Kasseler Gemälde der beste Beweis dafür. Bis zur Täuschung — die ja auch in seiner zeitweiligen Benennung als Salomon Ruysdael ihren Ausdruck fand — ahmt es die Manier dieses bedeutenden Landschafters nach, in dem eigenartig gezeichneten, spitzblätterigen Baumschlag von tiefem warmbraunen Gesamtton, in dem Aufbau und der Führung der gleichfalls warmen, bräunlichen Wolkengruppen und in der besonderen Zeichnung der Kühe mit den scharf geschnittenen, spitz zulaufenden Köpfen. Eine milde abendliche Stille lagert über diesem Stückchen Wald und dem Weg davor, auf und neben dem Herde und Hirt ruhen, dieser in genügsamer Selbstbescheidung vor sich hinträumend, jene in kontemplatives Wiederkäuen versunken. Ein bescheidener, man möchte fast sagen idyllischer Charakter der Landschaft ist dem Sohne Jacob eigen und unterscheidet ihn von der reicheren und charaktervolleren Art seines Vaters Salomon.

O. E.

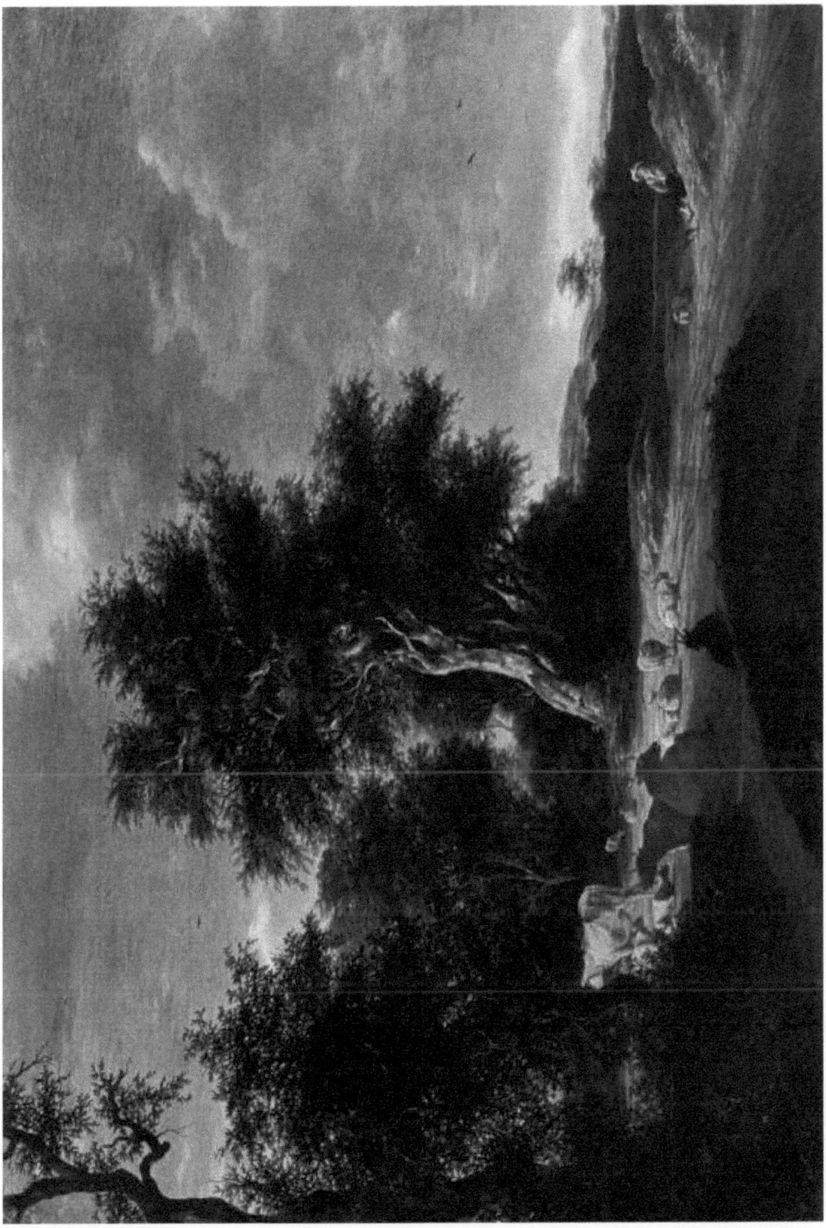

PETER PAUL RUBENS

(1577—1640)

Die Flucht nach Ägypten

Eichenholz: h. 0,40, br. 0,53 m

22

Denon, der Vertrauensmann Napoleons bei Ausplünderung der Hauptkunstsammlungen Europas, hatte mit der ihm eigenen, feinen Spürnase neben vielen anderen trefflichen Gemälden auch das hier in Frage stehende aus der Kasseler Galerie 1806 nach Paris verbringen lassen. Seltsamerweise aber verließ ihn später sein ursprünglicher guter Blick, indem er in dem Inventar des Kaiserreiches dieses ausgezeichnete Original von Rubens unter der Bezeichnung „pasticcio de Dietrich" dem zwar routinierten, aber flachen Nachäffer berühmter Meister, Christian Wilhelm Ernst Dietrich, gen. Dietricy, zuschrieb. Das hat indes diesem Juwel von der Hand des großen Vlamen nicht geschadet, denn nie wird irgend ein Auge mit gesundem Blick diesem Irrtum Denons gefolgt sein oder folgen. Rubens selbst scheint große Stücke von diesem kleinen Meisterwerk gehalten zu haben, denn es gehört zu den wenigen seiner Werke, die er mit dem vollen Namen und dem Datum (1614) bezeichnet hat. Und dennoch ist die ursprüngliche Erfindung der Komposition nicht des Meisters selbsteigene, sondern er hat sie von dem Frankfurter Maler Adam Elsheimer (1578—1620, Frankfurt, Rom) entlehnt und nur in seiner Weise umgeschaffen. Aber so großzügig wie etwa ein Beethoven ein Motiv von Joseph Haydn transponiert hätte. Das Vorbild von der Hand Elsheimers befindet sich im Louvre und enthält außer der eigentlichen Flucht nach Ägypten, wie sie in unserm Bilde vorliegt, links noch einen Blick in den Wald, in welchem Hirten mit ihren Herden um ein Feuer lagern. Ob Rubens das für ihn ganz ungewöhnlich kleine Format auf Bestellung genommen, oder freiwillig gewählt, ist unbekannt. Jedenfalls beengte es ihn einigermaßen, was z. B. aus dem Ausmaß der unverhältnismäßig großen Hand Marias ersichtlich ist. Unwillkürlich sprengte er die Fesseln des Elsheimerschen Duodezformates und gab ihr die Hand einer Riesin, desgleichen im Überdrang seiner ins Große strebenden Natur dem das Saumtier lenkenden Engel einen übergroßen Kopf. Doch diese kleinen Fehler verschwinden völlig gegenüber der Fülle malerischer Schönheiten, womit er dieses Juwel seiner Kunst ausgestattet hat. Wie in einen dunkeln und dennoch leuchtenden Ring gefaßt erscheint links im Vordergrunde des nächtlichen Waldes die in ungebrochenem Rot, Blau und Gelb schimmernde Gruppe der Flüchtenden. Die Leuchte, die ihnen den Pfad erhellt und sie selbst umflutet, geht vom Kinde, dem Lichte der Welt, aus, eine Symbolik, die Rubens zugleich ein willkommenes malerisches Motiv darbietet. Besonders bemerkenswert in zeichnerischer Hinsicht ist in dem Bilde vielleicht noch der in kühnster Verkürzung, die an Correggios „Froschragout" erinnert, in der Luft schwebende Engel, eine heitere crux aller Kopierenden. O. E.

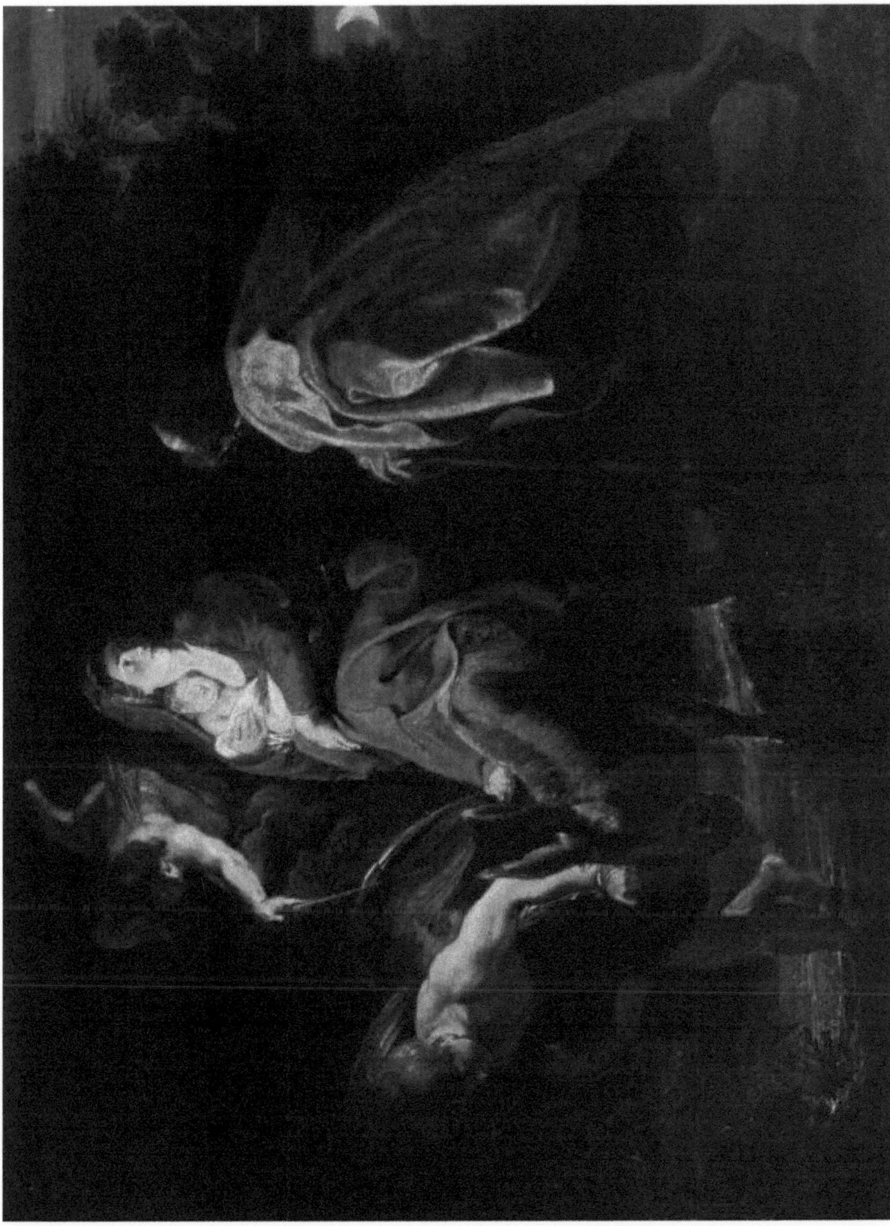

ANTONIUS VAN DYCK

23

(1599—1641)

Sebastian Leerse mit Frau und Kind

Leinwand; h. 1,10, br. 1,62 m

Die Kasseler Galerie ist reich an besonders hervorragenden Bildnissen van Dycks, sowohl der italienischen als der Antwerpener Zeit. Das anmutigste darunter ist ohne Frage das des Sebastian Leerse mit Frau und Kind. Er war 1631 Almosenier von Antwerpen, gemalt wurde das Bild aber vermutlich schon zwischen 1628 und 1630. In dieser Zeit hatte sich van Dyck wieder gern und mit großem Erfolg dem bürgerlichen Milieu seiner vlämischen Landsleute anbequemt, nachdem er zuvor in Genua einen sehr glücklichen Anlauf zum Maler der vornehmen Gesellschaft genommen hatte, wozu sein persönlicher Geschmack offenbar besonders inklinierte. Später, als er in England für den Hof und die Aristokratie arbeitet, ist die Porträtkunst van Dycks mehr oder weniger eine durch die Hofluft bedingte vornehm-gebundene, repräsentativ-posierende geworden, was aber bekanntlich nicht ausschloß, daß er auch in dieser Sphäre Leistungen höchster Qualität zeitigte. Die Leerse'sche Familiengruppe, unvergleichlich in der Geschlossenheit malerischer Erscheinung, stammt aus des Malers bester vlämischer Zeit. Die Ehegatten und ihr junger Stammhalter bilden einen Dreiklang in Farbe und Ausdruck, wie man ihn wohltuender sich nicht denken kann. Die Mienen der Dargestellten sind gesättigt von Daseinsbefriedigung und das Auge des Betrachters ruht mit freudiger Genugtuung auf diesem wundervollen Bilde innerer und äußerer Harmonie. Das reichliche Schwarz der damaligen Tracht hindert van Dyck nicht, eine Wärme des Tones zu erreichen, wie sie in einer Skala farbiger Lokaltöne kaum denkbar ist, wobei freilich das feine, vornehme Inkarnat der Köpfe, das tiefe, satte Grün des Knabengewandes und der bräunlich goldene landschaftliche Hintergrund dem malerisch nuancierten, durchleuchteten Schwarz die erwünschte Ergänzung und Belebung geben. Eine alte gute Kopie unseres Bildes in Frankfurt a. M. galt längere Zeit dort als Original, oder wenigstens als gleichwertige Wiederholung des hiesigen Werkes. Sie gelangte durch Schenkung aus der Familie Mannskopf in den Besitz des Städelschen Kunstinstituts, wo sie jetzt ihre richtige Einschätzung als Kopie erhalten hat. In den achtziger Jahren des vorigen Jahrhunderts sagte einmal Lenbach angesichts dieses van Dyck zum Vorstand der Kasseler Galerie: „Wir Heutigen sind nicht wert, den Alten die Schuhriemen zu lösen!“ Wenn ein Mann von dem berechtigten Selbstbewußtsein eines Lenbach solches sagte, muß wohl etwas Wahres daran sein. O. E.

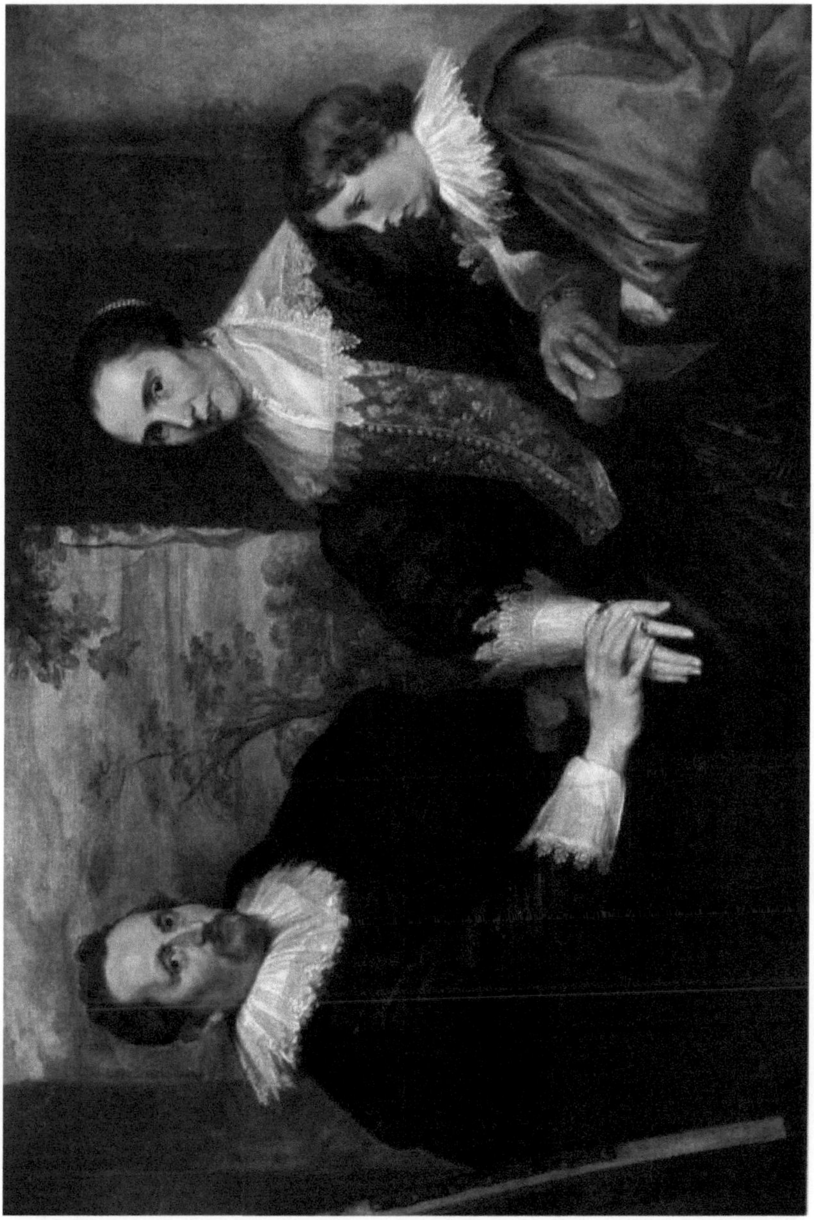

ANTWERPENER SCHULE (?)

(um 1625)

Die Anbetung der Hirten

Leinwand; h. 1,65, br. 1,88 m

So sehr sich auch ausgezeichnete Kenner seit langem bemüht haben, dem Autor dieses rätselhaften Bildes auf die Spur zu kommen, ist es ihnen doch bis heute noch nicht mit voller Sicherheit gelungen. Alle aber stimmen einmütig in der Bewunderung des eigenartigen Werkes überein. Maria, die einen etwas verschwommenen, italienischen Typus zeigt, und das Kind mit dem häßlichen Kopf sind das wenigst Erfreuliche daran, bewundernswert dagegen die Hirten, vor allem ihre weibliche Gefolgschaft. Das Mädchen, das mit der schimmernden Messingkanne auf dem Kopf von links her schreitet, der sich nach ihr umdrehende Hirte mit dem Dudelsack an der Seite, gleichfalls nach dem neugeborenen Welterlöser strebend, zwischen ihnen der Hund mit dem, den Beschauer energisch fixierenden Porträtkopf, im Mittelgrund der dem verehrten Kinde nähere Hirte mit einem Lamm, das er ihm darbringen will, auf den Armen, der ehrwürdige Alte mit dem grauen Bart, der den abgenommenen Hut demütig in die Höhe hält, vor ihm ganz vorne knieend ein zweites Mädchen, das dem göttlichen Knaben ein geschlachtetes Huhn und einen Korb voll Eier opfert, sie alle sind Volkstypen von so überzeugender Wahrhaftigkeit, von so packender malerischer Konzeption und eigenartiger Schönheit, daß wir uns erstaunt fragen müssen, wie es möglich sein kann, daß der bedeutende Künstler, der dies Werk geschaffen, unbekannt ist. Es war früher auf Jordaens, dann auf Gaspar de Crayer getauft und ist heute mit Fragezeichen „Antwerpener Schule“ genannt. Jedenfalls stammt es von einem Niederländer, der italienische Einflüsse aus der naturalistischen Richtung des Caravaggio empfangen hat. Wenn auch nicht von schlagender Überzeugungskraft, so doch weiterer Erwägung wert scheint ein Vorschlag zu sein, der auf Grund dieser Erkenntnis in letzter Zeit gemacht wurde: — Schreiber dieses hat nämlich an Jan Lys, genannt Pan, als Autor dieses merkwürdigen Bildes gedacht, an jene geniale Proteusnatur, welche in ihrer kurzen Laufbahn nur wenige Werke geschaffen hat, die aber merkwürdigerweise unter sich ganz verschiedenartig sind, was auch bei den drei hiesigen zutrifft.

Sandrart verlegt dieses aus Hoorn in Holland stammenden Malers Geburtsort irrtümlicherweise nach Oldenburg, macht aber, da er selbst mit ihm in Venedig zusammen lebte, folgende authentische Mitteilungen über seine interessante Art zu arbeiten: „Er hatte im Gebrauch, sich lang zu besinnen, eh er seine Arbeit angefangen, hernach, wann er sich resolvirt, ließe er sich nichts mehr irren; da wir zu Venedig beysammen wohnten, blieb er oft zwey oder 3 Tag von Haus, und kame dann bey Nacht ins Zimmer, setzte sein Palett mit Farben geschwind auf, temperirte sie nach Verlangen, und verbrachte also die ganze Nacht in Arbeit. Gegen Tag ruhete er ein wenig, und fuhre wieder 2. oder 3. Tag und Nacht mit der Arbeit fort, so daß er fast nicht geruhet, noch Speise zu sich genommen dawider nichts geholffen, was ich ihme auch zusprache, und remonstrierte, daß er sich selbsten Schaden thäte, Gesundheit und Leben verkürzte, sondern er verharrte bey seiner angenommenen Weiß, blibe etliche Tag und Nacht weiß nicht wo, aus, biß der Beutel leer worden; alsdann machte er wiederum seinem alten Brauch nach, aus der Nacht Tag und aus Tag Nacht. Also habe ich mich von ihm nach Rom begeben, dahin er zwar versprochen, sobald die angefangene Arbeit würde vollendet sein, mir nachzufolgen, aber das widrige Glück verhinderte seinen Vorsatz, indem die An. 1629. entstandene große Pestilenz diesen unordentlichen Johann von Lys, neben andern, hingerißen.“ O. E.

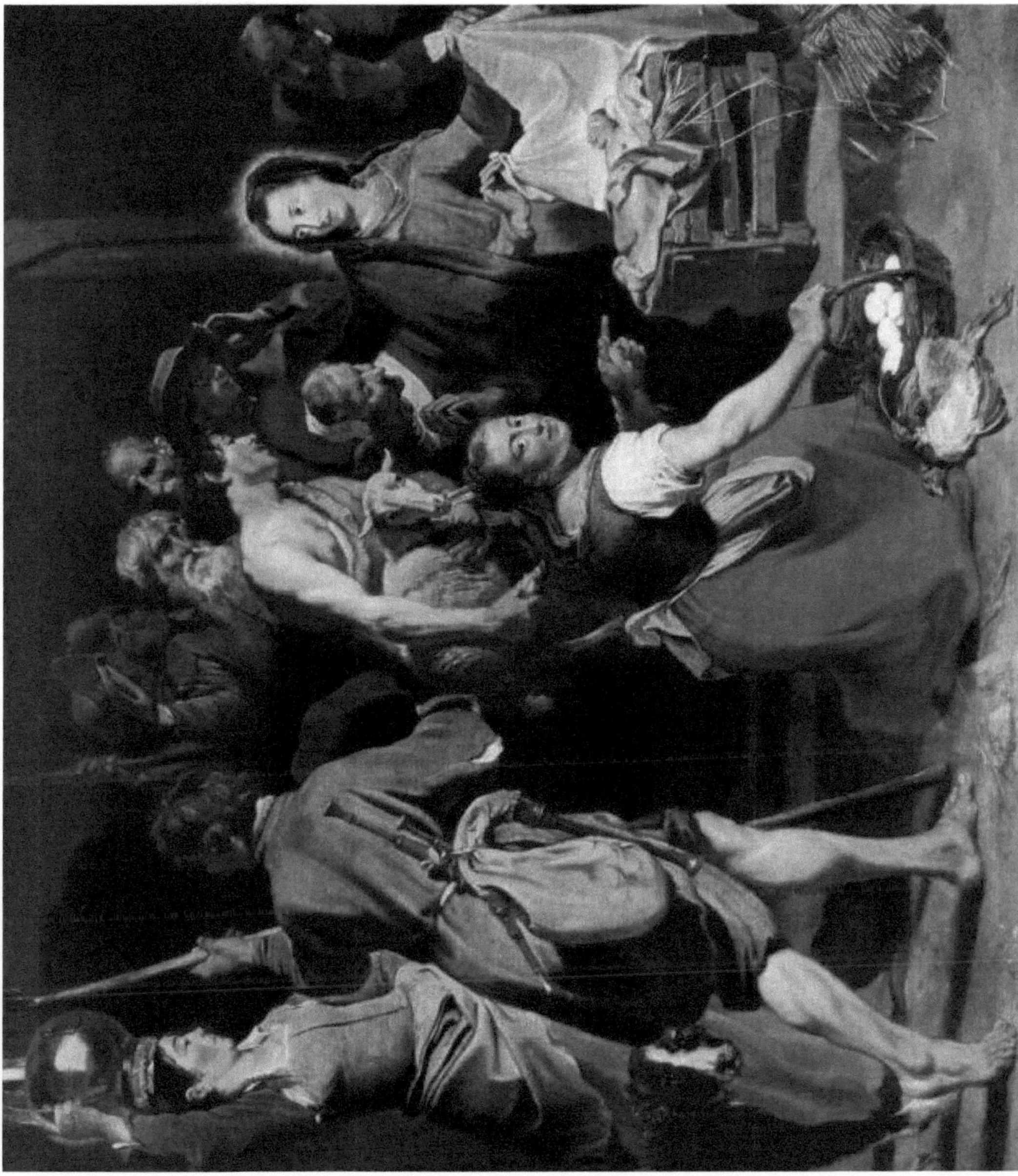

GONZALES COQUES

(1618—1684)

Der junge Gelehrte und seine Schwester

Eichenholz: h. 0,38, br. 0,58 m

Gonzales Coques in Antwerpen hiess „der kleine Vandyck“, weil er seinem berühmten Vorbilde eine gewisse Eleganz der Figuren abgesehen zu haben schien. Er galt viel, sowohl bei der Antwerpener Künstlerschaft wie bei den spanischen Statthaltern in Brüssel, denen zu gefallen er seinen guten vlämischen Namen Cocx spanisch umformte, wie denn alle belgischen Künstler dieses Zeitalters sich unter der fremden Herrschaft wohl und zufrieden fühlten. Verdankte man doch den Spaniern den grösseren Glanz des Lebens und die vornehmere Haltung, das Höfische, das sich ja schon seit Rubens in der vlämischen Malerei im Gegensatz zu der holländischen reichlich bemerklich macht. Coques ist von Vandyck sehr verschieden. Er ist ein Kleinmeister wie David Teniers, im Massstab sowohl wie in der Art der Ausführung. Sein Kreis ist eng, aber seine Art sehr besonders, eine Detailmalerei ohne Kleinlichkeit bei einer aufs feinste abgestimmten, gewöhnlich in der kühlen Skala gehaltenen Färbung. Er malt Porträts, hauptsächlich Gruppenbildnisse, denen er durch leise Bewegungen der Personen zueinander und vor allem durch eine ausgesucht interessante Darstellung ihrer Umgebung mit dem allerverschiedensten, stilllebenartig ausgeführten Beiwerk die Haltung von Genreszenen zu geben weiss, so dass man manchmal unsicher sein kann, ob man überhaupt noch Porträts und nicht bloss Modelle vor sich hat. Es ist für diesen äusserst geschickten Künstler charakteristisch, dass er in Haltung und Bewegung nicht weiter ging und es nicht zum wirklichen Sittenbilde gebracht hat. Er war eine ängstliche Natur und er arbeitete viel zu sorgfältig, um viel zu malen, weswegen auch seine Bilder sehr selten sind. Unser Kasseler Bild von 1640 ist das früheste, das wir von ihm haben. Wir sehen den jungen Gelehrten an seinem Arbeitstisch, aber nicht achtlos und beschäftigt, sondern zum Porträt sitzend. Eine ihm in den Zügen ähnelnde Dame steht am Flügel und spielt. Aber sie sieht uns an und möchte gesehen werden. Wir haben also bestellte Bildnisse vor uns. Aber beinahe sind diese Figuren doch nur die Staffage ihres behaglich eingerichteten Zimmers, das uns in seiner kostbar echten und minutiös wiedergegebenen Ausstattung einen kulturgeschichtlich wertvollen Anblick gewährt. Über der Ledertapete hängen Landschaften in der Art des Joos de Momper; der Innendeckel des Flügels zeigt ein Midasurteil im Stil Brueghels. Coques sowohl wie David Teniers der jüngere haben bisweilen ganze Gemäldegalerien gemalt. A. P.

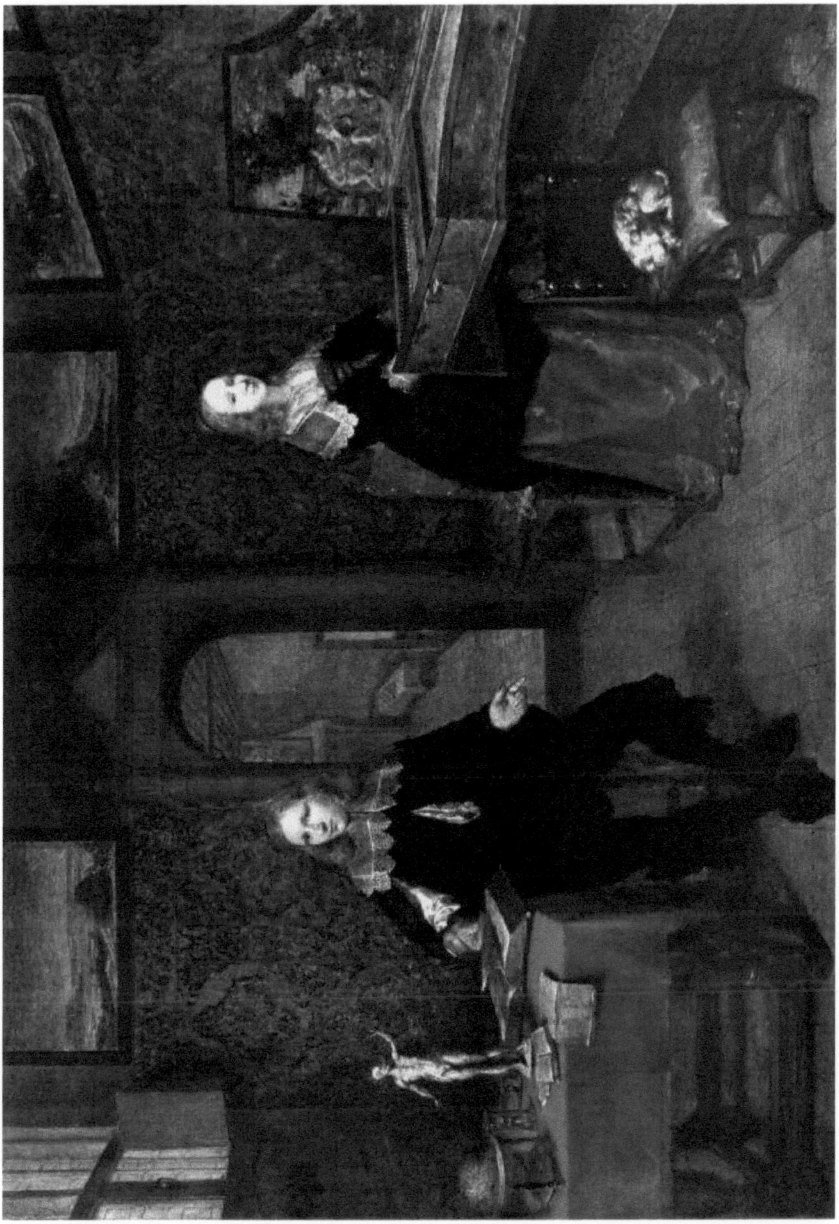

ANTONIS MOR (auch ANTONIO MORO) 26

(1512[?]—1576/78)

Männliches Bildnis

Eichenholz; h. 0,85, br. 0,58 m

Auf den ersten Blick hat dies Bildnis etwas Eckiges und Steifes, was vielleicht ganz an der dargestellten Person liegen mag, in unserer Vorstellung aber unwillkürlich auf den Künstler weiterwirkt und ihm als Mangel angerechnet wird, als Abstand von der vollen Höhe der Porträtkunst. Bei näherer Betrachtung nehmen wir wahr, dass das sammetbesetzte Atlasgewand mit den rot unterlegten Ärmelschlitzen nicht bloss mit äusserster Sorgfalt, sondern geradezu wundervoll gemalt, dass die rechte Hand sehr schön ist, und dass Bart und Haar nicht bloss den Fleiss des Miniaturisten, sondern auch noch eine bis ins kleinste gehende Naturwahrheit zeigen, und nun gewinnt auch der ernste und gesunde Kopf, dessen bräunliche Fleischfarbe sich gegen den schmalen weissen Rand der Halskrause kräftig absetzt, unsere Teilnahme, und wir werden es wohl glauben, dass Antonis Mor aus Utrecht, der jedoch zuletzt in Antwerpen lebte, der erste Porträtmaler seiner Zeit, das heisst des Menschenalters nach 1550, gewesen ist, und zwar nicht bloss für die Niederlande, sondern für den Norden überhaupt. Dürer und Holbein waren tot, in Italien lebte noch Tizian, mit dem man ihn sogar verglichen hat, in Deutschland Lukas Cranach der jüngere, über den wir hier kein Wort zu verlieren brauchen. Die grossen Porträtisten der Zukunft, Frans Hals und Rembrandt, waren, als Mor starb, noch nicht geboren. So wurde er denn der Hofmaler Karls V., der ihn auch nach Lissabon und London schickte; ins Madrid und England finden sich noch die meisten Werke von ihm. Er war auch in Italien gewesen, hatte 1550 in Rom studiert, wie dreissig Jahre früher sein Lehrer Jan van Scorel († 1562), der seit dieser Zeit in seinen religiösen Historien und Einzelfiguren sich möglichst italienisch auszudrücken bemühte, während in seinen Porträts auch später noch die heimische Art durchschlägt. Ein Unterschied in den Gattungen, der sich auch sonst bei den Niederländern findet, z. B. bei Frans de Vriendt (Floris) aus Antwerpen, der ungefähr ein Altersgenosse von Mor ist. Er selbst war wesentlich Bildnismaler und gewann durch seinen italienischen Aufenthalt wohl an Höhe der Auffassung, ohne doch in Manier zu fallen; seine Porträts sind echt im Charakter, streng und ernst. So waren diese meist nordischen Menschen, gemessen und zurückhaltend nach dem Schicklichkeitsgefühl ihrer Zeit, und das spanische Zeremoniell, das damals in Europa galt, verlangte den Ernst sogar noch kälter, etwas in das Finstere und Gefühllose abgestimmt. So steht z. B. der Herzog Alba von ihm im Brüsseler Museum vor uns. Tizian hatte gewöhnlich andere Menschen zu malen und war der grosse Maler schlechthin und der geborene Kolorist. Mors Gesichtskreis ist enger, sein Feld beschränkt, und als Übergangsmeister wird er in den Schatten gestellt von Vorgängern und Nachfolgern. Auch darin erscheint er einseitig, dass er keine Gruppenbilder malt, wie bald nach ihm der Delfter Mierevelt, Ravesteyn aus dem Haag und Cornelis de Vos aus Antwerpen, aber in seiner Beschränkung auf das Einzelporträt hat er als selbständiger Meister den Aufgaben seiner Zeit genügt, und unter diesen historischen Voraussetzungen werden wir sein Kasseler Bildnis sogar individuell und interessant finden. Es ist bezeichnet und datiert (1559), aber wir wissen nicht, wen es darstellt; eine lateinische Inschrift auf dem Rahmen, die den Namen Johann Gallus angibt, ist wahrscheinlich gefälscht. Dazu gehört als Gegenstück ein weibliches Bildnis von angenehmem Gesichtsausdruck, mit einem Bologneser Hündchen auf dem rechten Arm. A. P.

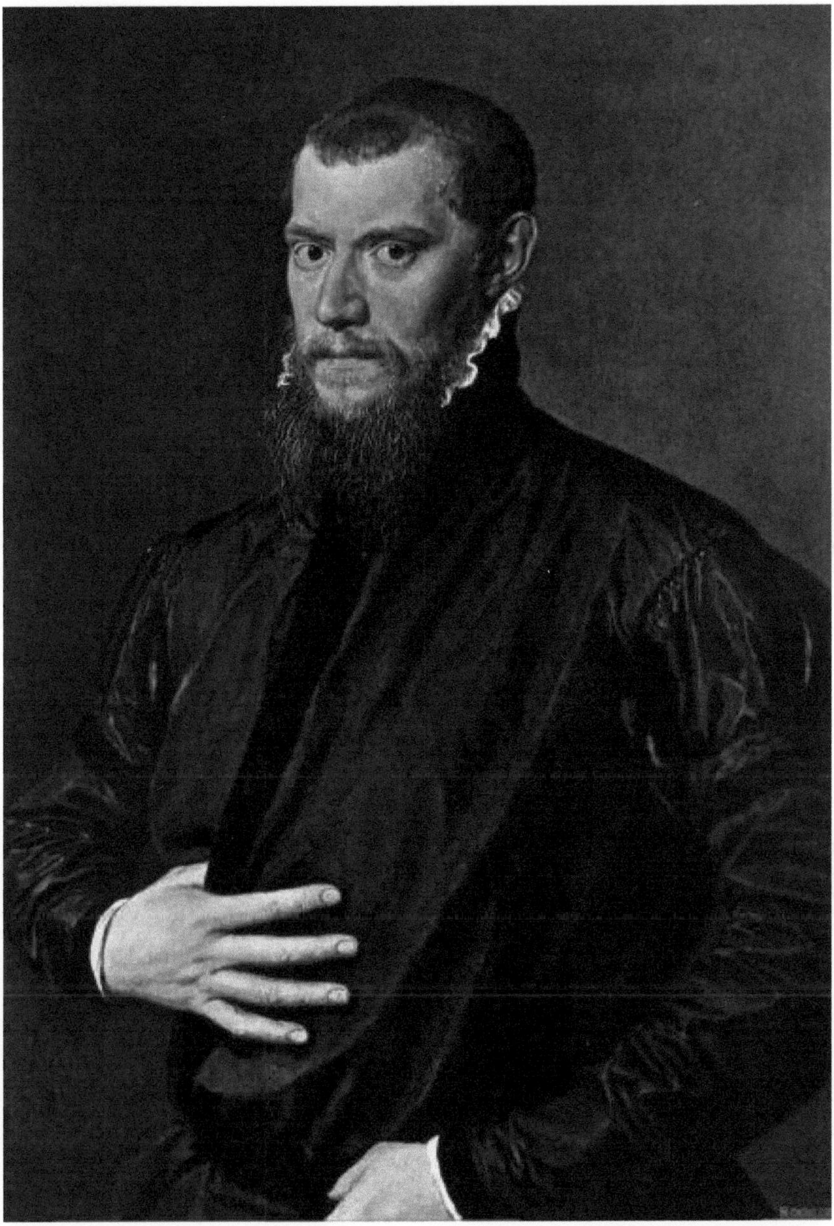

GERARD DOU

(1613—1675)

Rembrandts Vater

Eichenholz; h. 0,24, br. 0,18 m

Der Leydener Gerard Dou kam als Fünfzehnjähriger in die Werkstatt seines berühmten Stadtgenossen Rembrandt; drei Jahre darnach siedelte dieser nach Amsterdam über, sein Schüler aber blieb in seiner Vaterstadt zurück und entwickelte sich hier zu einem in seiner besonderen Art nicht minder berühmten und äußerlich sogar noch erfolgreicheren Künstler. Von der Hand dieses Feinmalers rühren die zwei ovalen, ganz kleinen Gegenstücke der Kasseler Galerie her, die in unseren Reproduktionen nur wenig verkleinert worden sind. — Das männliche Bildnis mit einem Federbarett, einer Halsberge über dem grauen Wams und einer blauen Schärpe über der Brust scheint einen alten Offizier darzustellen. Interessant ist der Graubart nicht, das Gesicht sogar recht gewöhnlich; er hat nur zwei kluge Augen und einen Zug von Energie, aber nichts, was uns anziehen kann. Höchstens beachten wir noch die peinliche Wahrheit der Ausführung und das schimmernde Helldunkel. Aber der ganze Mann hat etwas so wenig Geistiges, so Unvornehmes, als ob er sich in eine Verkleidung gesteckt hätte, die zu seinem Stand nicht passen will. Hören wir nun, daß dieser Alte Rembrandts Vater ist, von dem Schüler gemalt und vorher kostümiert, ganz wie es der Meister zu machen pflegte, und vielleicht mit den Ausstattungsstücken, die diesem gehörten, so gewinnt das kleine Bild für uns an Interesse als ein Denkmal seiner Zeit, und es beginnt uns etwas zu erzählen, woran wir Anteil nehmen mögen. Als Rembrandt noch in den bescheidenen Verhältnissen seines väterlichen Hauses lebte, nahm er sich seine Eltern und Geschwister und einzelne Zugewandte des Hausstandes zu Modellen, radierte und malte sie immer wieder, verwendete sie auch später noch auf seinen historischen Bildern, und es regte seine Phantasie an, wenn er sie auch schon zu Einzelstudien in irgend einer Verkleidung sitzen ließ, mit den wenigen Garderobestücken, die er damals nur besaß und die uns daher immer wieder mit porträthafter Deutlichkeit in jenen Jahren begegnen; später wurde er bekanntlich ein leidenschaftlicher Sammler solcher schönen Dinge. Ebenso machte es der junge Dou, wenn er sich im Porträtieren an seinen Eltern übte und an denen seines Lehrers, die er dann auch später noch auf seinen Genrebildern angebracht hat. Rembrandts Eltern als Einzelporträts von Dou sind immer undatiert, denn eigentlich sind es ja nur Studien für ihn; sie sind ziemlich zahlreich, und manche von ihnen stammen sicherlich noch aus jenen ersten Jahren. Das beste unter den Brustbildern von Rembrandts Vater ist dieses in Kassel.

A. P.

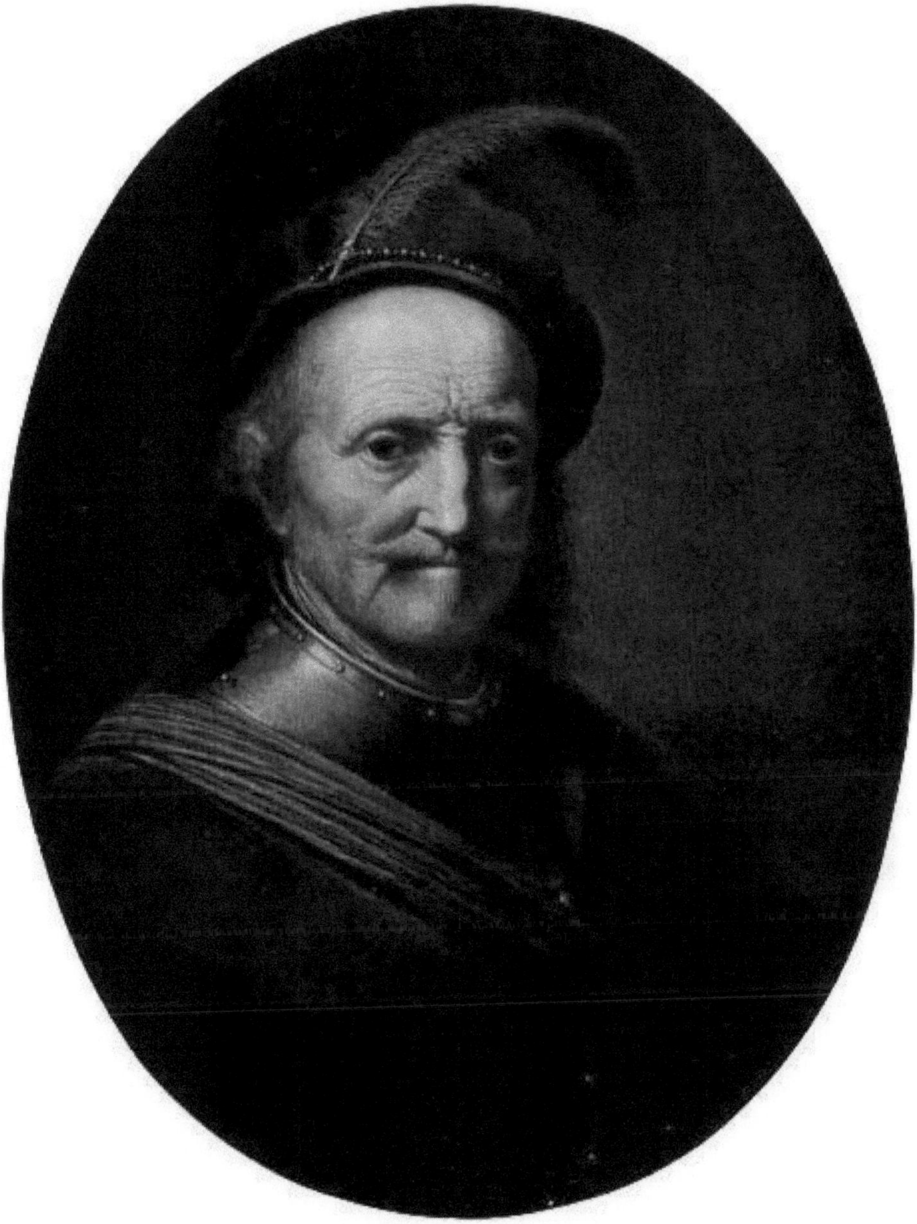

GERARD DOU

(1613—1675)

Rembrandts Mutter

Eichenholz; h. 0,24, br. 0,18 m

Das weibliche Bild ist zu dem vorhergehenden männlichen, wie schon die Wendung der Köpfe zeigt, das Gegenstück. Rembrandts Mutter war eine tüchtige, kluge und fromme Frau, an der der Sohn mit Zärtlichkeit hing. Ihre liebe Gestalt hat ihn künstlerisch viel stärker beschäftigt als die Figur seines Vaters und noch lange über ihren Tod hinaus. Es gibt sympathischere Bildnisse von ihr als dieses hier von seinem Schüler Dou, der nur das Äußerliche der Züge festgehalten und im übrigen seine ganze Kunst in die minutiöse Durchführung gesetzt hat. Die Frau ist nicht phantastisch kostümiert wie ihr Gatte, aber sie ist gewählter, als eine Frau ihrer Verhältnisse sich im täglichen Leben zu tragen pflegte, und mit künstlerischer Sorgfalt gekleidet: die dunkelrote Haube wird über der Stirn durch eine weiße Binde gehalten, und nach hinten fällt ein Schleier hinab. — Daß in der Dargestellten die Mutter Rembrandts zu erkennen sei, konnte nach den längst bekannten Radierungen des Sohnes kaum jemals zweifelhaft sein. Es stand aber im Wege, daß man sich nicht entschließen konnte, in dem männlichen Gegenstücke Rembrandts Vater zu sehen. Diese Tatsache ergibt sich aus einem ganz gleichartigen Bilde des Amsterdamer Reichsmuseums (n. 1248), einer alten Kopie nach Rembrandt selbst, der seinen Vater in demselben Kostüm und beinahe in derselben Haltung gemalt hat.

A. P.

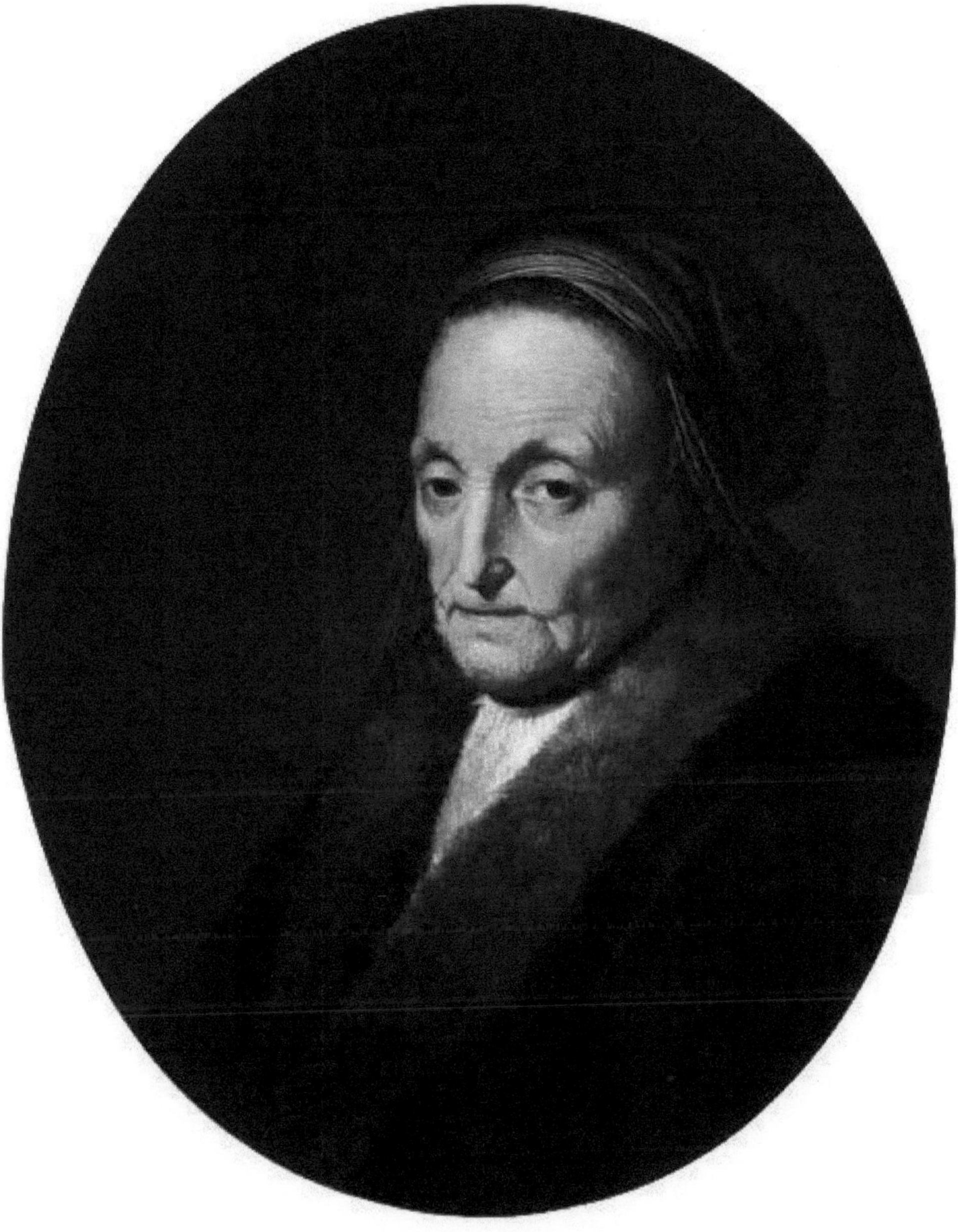

ADRIAEN VAN OSTADE

(1610—1685)

Bauern unter einer Sommerlaube

Eichenholz; h. 0,39, br. 0,32 m

Fünf Bauern und eine Frau plaudern unter einer Rebenlaube, an der Haustür steht ein Dudelsackpfeifer, hinten unter dem Hüttendach sieht man noch einige Leute desselben Schlages. Sie haben nichts Anziehendes und nicht einmal etwas Individuelles, keines dieser Gesichter könnten wir in der Erinnerung behalten, alle haben etwas Gattungsmässiges und als Ausdruck ihres Lebens höchstens eine gewisse animalische Behaglichkeit. Sie sind gut gezeichnet, charakteristisch für das, was sie ausdrücken sollen. Die Szene geht zurück und ist gut in Farbe gesetzt, mit feinem Helldunkel, klar bis in die Schatten. Sehr schön ist das Landschaftliche, der abendliche Himmel, der ganze Natureindruck, zu dem auch diese Menschen als Naturwesen, die sie ja sind, mit beitragen. Das ist Adriaen van Ostade aus Haarlem, der berühmteste holländische Bauernmaler! — Ein Schüler von Frans Hals, sah er in seiner Jugend Brouwer malen, als dieser sich eine Zeitlang bei dem Meister in Haarlem aufhielt. Brouwers Figuren sind geistreicher, er ist auch als Kolorist bedeutender, ein grosser Künstler in dieser kleinen Gattung. Auch Ostade hat sich, wie man aus seinen Radierungen sieht, mit dem Figürlichen Mühe gegeben, aber Brouwers Qualität erreicht er nur selten. Seine Figuren sind ihm aber auch nicht die Hauptsache. Sie sollen die Umgebung beleben und zum Sprechen bringen. In dieser Zusammenstimmung des Raumes mit allen Einzelheiten durch Farbe und Licht liegen Aufgabe und Hauptwert seiner Kunst. Das Stoffgebiet, das er sich erwählt hat, verlässt er selten, immer malt er die Bauernunterhaltungen, Wirtshausstuben, Dorfschulen, aber er ändert seine Malweise, und darin liegt seine künstlerische Entwickelung. So lange er Hals und Brouwer folgt, finden wir deutliche Figuren, viel Lokalfarbe, im Ganzen eine klare, kühle Tönung und eine Vorliebe für Helldunkel. Gegen 1640 zeigt sich Rembrandts Einfluss, mit dem er bald auch in dem nahen Amsterdam in Verkehr tritt. Nun erreicht er seine Höhe in den reizvollen Interieurs mit goldwarmem Ton, beschatteten Figuren und intim durch enge Fenster spielendem Sonnenlicht. Gegen 1670 ist es mit der Rembrandtstimmung vorbei, einzelne Farben treten wieder hervor, bald bunter, bald grau und manchmal trübe. Das ist seine letzte Manier. — Meistens stellt er Innenräume dar. Öfter gibt er aber auch die Eingangsseite eines Bauernhauses mit den Insassen davor, oder auch eine grössere Gesellschaft im Schatten einer Laube, zu der sich ein Leiermann oder ein Musikantenpaar eingefunden hat. Von dieser Art sind die drei Bilder der Kasseler Galerie, deren jedes eine seiner drei Perioden vertritt. Das hier gegebene (Nr. 253) ist das späteste, von 1676, und für diese Zeit von guter Qualität. A. P.

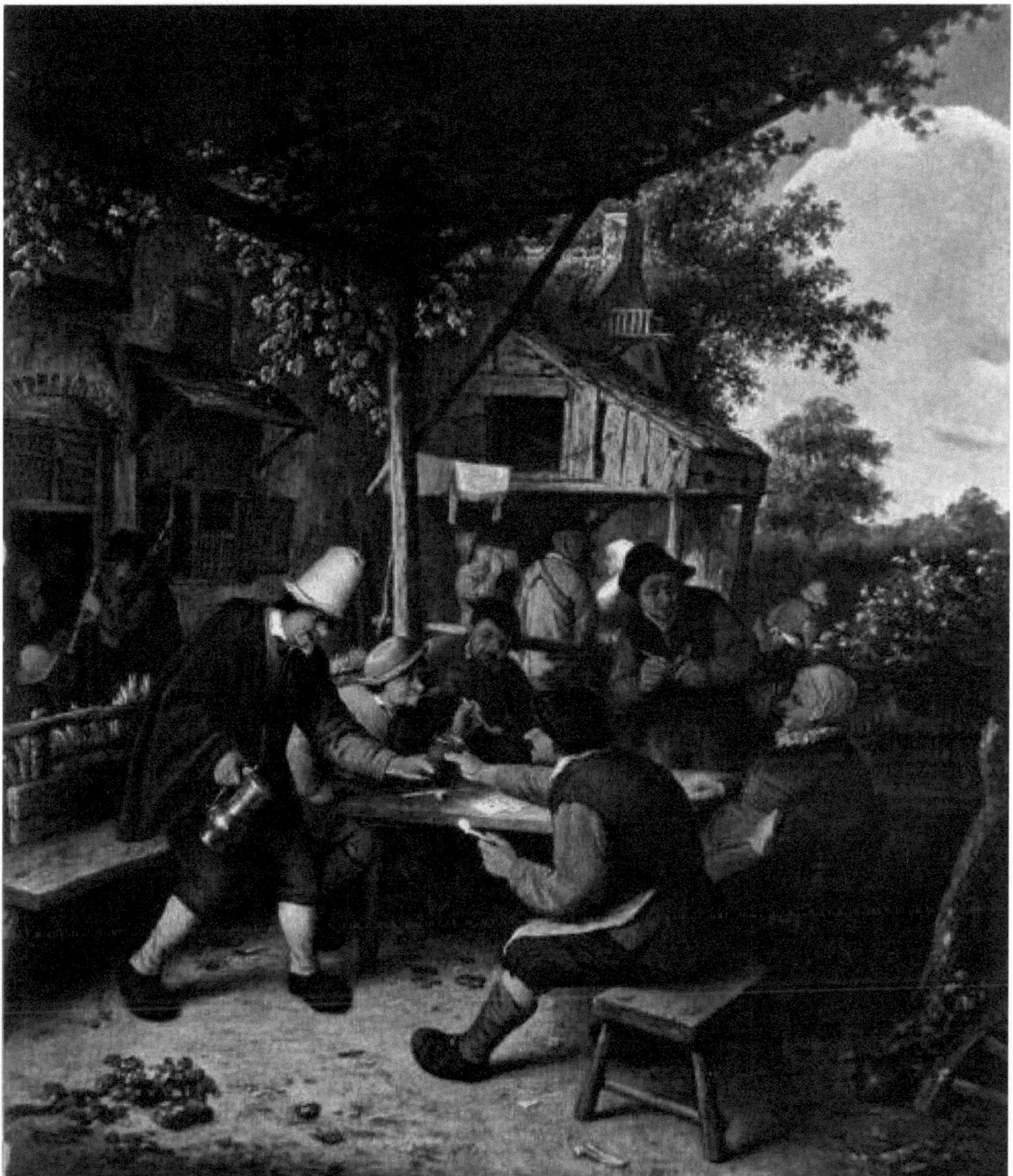

ADRIAEN VAN DER WERFF

(1659—1722)

Der verliebte Schäfer

Leinwand; h. 2,92, br. 1,54 m

Den Ritter Adriaen van der Werff kann man den letzten Maler des alten Hollands nennen. Holländisch ist allerdings an ihm so gut wie nichts mehr, und seine Bilder könnten auch überall sonst gemalt sein, denn er folgt ganz dem französischen Geschmack, der nun auch in Holland galt. Das heimatliche Sittenbild und die ungeschminkte Naturansicht erschienen der feiner gewordenen Gesellschaft als etwas Niedriges: wozu das noch malen, was man täglich um sich hatte, was mit seinen Unvollkommenheiten mehr Verdruss erregte als Gefallen! Das klassische Altertum hatte ja längst eine Schönheit gefunden, erfreulich und erhebend, ausserdem noch interessant, denn was liess sich alles lernen aus einer mythologischen Szene oder einer antiken Historie, und was dagegen aus Bauernbildern und Viehweiden? Jetzt konnte man diese klassische Kunst einfach aus Frankreich beziehen, und es empfahl sie, dass sie einen deutlichen Strich zwischen Hoch und Niedrig machte, dass sie nur für die Vornehmen war, während von der nationalen holländischen Malerei alle etwas gehabt hatten. Mit den Gegenständen ändert sich auch der Ausdruck. Das Charakteristische ist nicht mehr erwünscht, alles soll einen grossen Zug haben und ins Allgemeine gehen. Das fordert dann auch grössere Flächen. Das Kabinettbild, das Schlussergebnis der holländischen Malerei, das die Leidener Feinmaler noch in das Extrem übertrieben hatten, genügte nicht mehr. Die neue mythologisch-historische Malerei greift auf Decken und Wände über und wird dekorativ. Van der Werff verstand sich auf beide Massstäbe. Als Schüler des Eglon van der Neer war er von Haus aus Feinmaler. Angeregt durch die Italiener und den Lütticher Gérard Lairesse, warf er sich aber auch auf die Plafondmalerei, und diese Schulung merkt man seinen höchst flüssig komponierten Staffeleibildern an. Sie sind eine Art Dekorationsmalerei in Kabinettformat. Inhaltlich oder gar geistig sagen sie nicht viel. Die Gegenstände, meist aus der Mythologie oder der biblischen Geschichte genommen, kehren öfter wieder. Alle Charakteristik hat sich in eine allgemeine Eleganz verflüchtigt, unterscheidende Stoffbezeichnung findet sich höchstens in den seidenen Gewändern. Der Farbenauftrag ist wie auf Porzellan emailartig verschmolzen, das Fleisch wie Elfenbein, die Färbung ohne Naturwahrheit. Mit dieser weitbegehrten Kunst wurde er ein reicher Mann, keinem holländischen Maler ist das Leben so leicht geworden. — Unser oben rundes Bild mit beinahe lebensgrossen Figuren ist eine flotte Dekoration, die wohl bestimmt war, in eine Wand eingelassen zu werden. Trotz der süsslichen Figuren macht das Ganze mit seinem warmen Kolorit und einer gewissen Landschaftsstimmung einen gefälligen Eindruck. Die Eiche über der Rokokourne und der Schneeballbusch haben sogar noch einen Rest von Naturwahrheit. Jedenfalls beweist das Bild, dass, der es malte, sehr viel gekonnt hat. Es ist auch besser als ein kleines Kabinettbild desselben Gegenstandes in der Dresdner Galerie (von 1689). A. P.

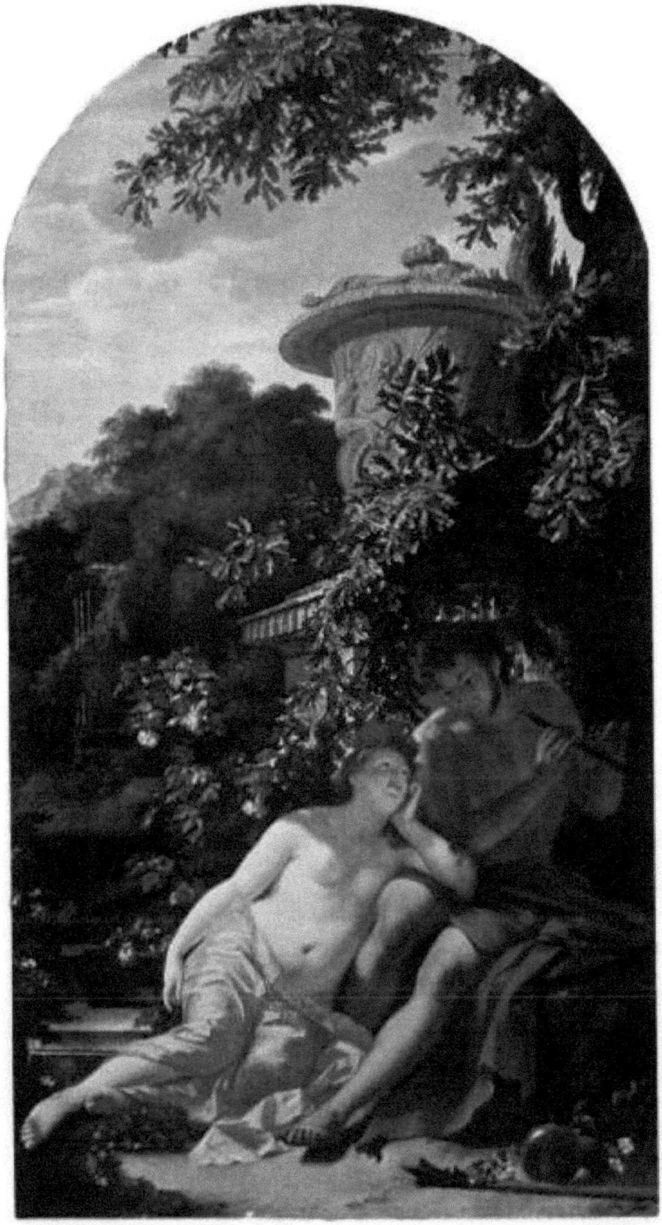

NICOLAS POUSSIN

(1594—1665)

Bacchische Szene

Leinwand; h. 0,95, br. 0,73 m

Nicolas Poussin, der Lieblingsmaler aller Franzosen, lebte hauptsächlich in Rom. Man hat seine erhabene Kunst oft mit der Tragödie des Zeitalters Ludwigs XIV. verglichen. Später malte er auch Landschaften mit antikisierender Staffage, wie die bekannte Landschaft mit dem Evangelisten Matthäus (Berlin). Aber ausgegangen ist er von der Darstellung mäßig großer Figuren, die von Landschaft und Architektur umgeben sind. Seine Studien waren tief und vielseitig. Er erforschte die antike Architektur, zeichnete nach Raffael und Tizian und modellierte mit Du Quesnoy zusammen nach dem Leben und der Antike. Seine Richtung führte ihn immer mehr auf die Zeichnung hin, auf die Durchbildung der Körperform und die Komposition. In der Malpraxis richtete er sich nach Domenichino, den er allen damals lebenden Künstlern vorzog. Aber seine früheren Bilder sind viel farbenreicher, manchmal sogar bunt; man sieht es dem Kolorit und auch den Gegenständen an, daß er die Venezianer, besonders Tizian studiert hat. Von dieser Seite zeigt ihn eins der seltenen außerhalb Frankreichs befindlichen Hauptwerke, ein Bacchanal in der Art Tizians, nur daß es in eine einzige höchst lebendige Figurengruppe zusammengedrängt ist. Die Nymphe hat den Rücken des zottigen Satyrs bestiegen und deutet mit der Rechten waldeinwärts, wohin die Reise gehen soll. Voran schreitet ein nackter Knabe, ein Amorin hat der Nymphe beim Aufsteigen geholfen, und ein kräftiger Faun mit dem Tafelgerät auf dem Kopfe beschließt den Zug. Auch die reife Sommerlandschaft mit dem abendlichen Himmel ist im Charakter Tizians gehalten.

A. P.

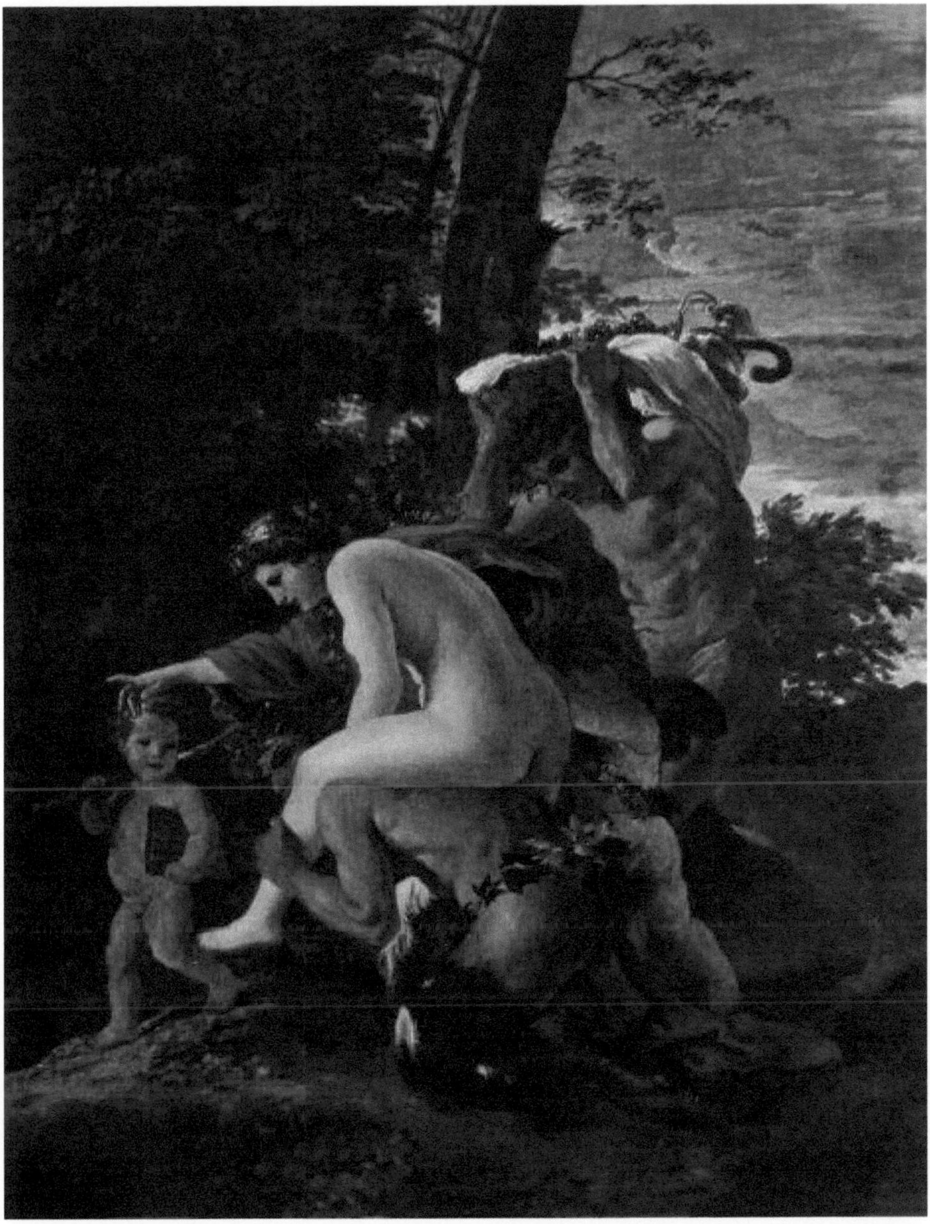

JACOPO TINTORETTO

(1519—1594)

Bildnis eines Edelmannes

Leinwand: h. 0,99, br. 0,77 m

Die venezianische Malerei der grossen Zeit schliesst ab mit dem farbenfreudigen Paolo Veronese und dem ungebärdigen Virtuosen Tintoretto, von dessen kraftstrotzenden Figuren sich der Geschmack unserer Tage wieder besonders angezogen fühlt, während man früher meinte, dass bei dem freundlichen Paolo mehr echte Kunst zu finden sei. Dieser Gegensatz zwischen beiden betrifft jedoch ihre Historienmalerei. Im Bildnis, mit dem wir es hier zu tun haben, kann Tintoretto zwar auch oftmals sehr roh sein, und das ist der Grund, weswegen man auf den zahlreichen handwerksmässig hingestrichenen Porträts von Prokuratoren und Senatoren seine Hand so ohne weiteres erkennt; es ist beinahe als hätten diese Leute gar kein individuelles Gesicht mehr, sondern nur noch eins, wie es gerade Tintoretto ihnen zu malen beliebte. Aber es gibt auch Bildnisse, in denen er der echte Venezianer ist. Dann tritt er in dieser in Venedig auf die höchste Stufe gebrachten Kunstgattung in die Nähe Tizians (dem er nach der neueren Meinung sogar einzelne Bilder streitig zu machen angefangen hat) oder Lorenzo Lottos. — Unser Edelmann aus der Kasseler Galerie gehört zu diesen Werken besserer Art. Er steht da in seinem Zimmer, ganz in schwarzen Atlas gekleidet; aus der breiten Krause sieht ein Kopf hervor, der Eindruck macht. Vor dem möchte man sich in Acht nehmen, nicht wahr? So wollten diese Menschen ja aber auch erscheinen, und nichts lag ihnen ferner als ein leutseliges Photographiergesicht aufzustecken. Auch dass die braunen Lederhandschuhe auf beiden Händen sitzen, gehört mit zu diesem Eindruck des Zusammengenommenen, den ein angezogener Mann auf andere machen will. Die Jahrzahl 1585 auf dem Papiere, das auf dem Tischteppich liegt, sagt uns, dass wir hier ein spätes Werk vor uns haben, nicht nur für Tintoretto, sondern auch für das Zeitalter. Tizian war schon vor neun Jahren gestorben, beinahe hundertjährig, und von allen den bedeutenderen Venezianern und oberitalienischen Malern, die mit Venedig zusammenhängen, lebte ausser Paolo Veronese jetzt auch nicht einer mehr. Aber die Bildniskunst kann sich lange halten, und namentlich die der Venezianer hat es getan. Dass die Farbe stark nachgedunkelt hat, braucht kaum bemerkt zu werden.

A. P.

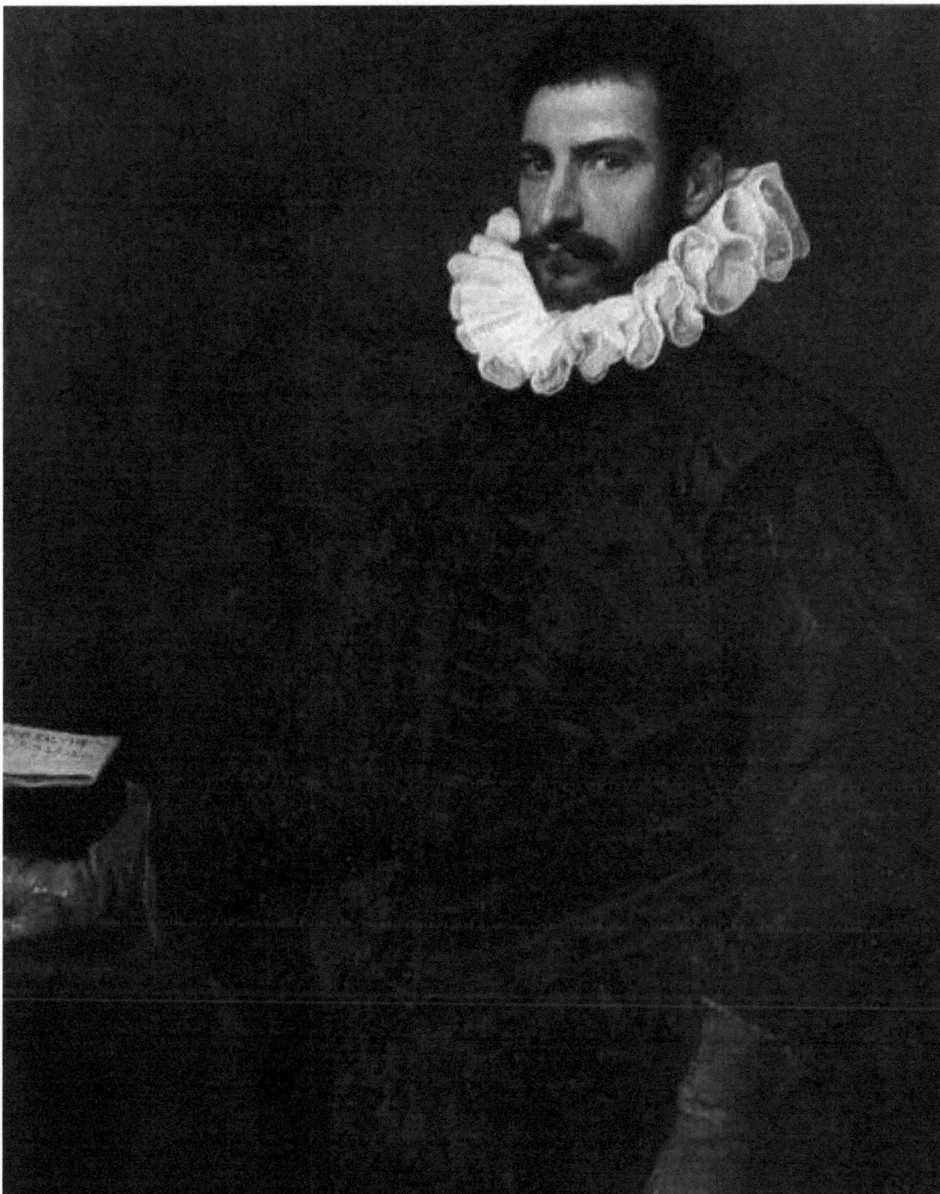

JOHANN ROTTENHAMMER

(1564—1623)

Heilige Familie

Kupfer; h. 0,27, br. 0,23 m

Ein süddeutscher Maler, der vor dem Ausbruch des grossen Krieges in italienischer Weise hübsche kleine religiöse Genrebilder gemalt hat, zwar lange nicht so graziös wie einige Jahrzehnte nach ihm der Niederländer van Dyck, aber doch nicht ohne Geschick und manchmal mit einem Hauch von deutscher Innigkeit, verdient schon als Seltenheit unsere Beachtung. Johann Rottenhammer war in München geboren und lebte später in Augsburg, er hatte aber lange in Venedig studiert und dort von den grossen Meistern der Vergangenheit noch den hochbetagten Tintoretto († 1594) persönlich angetroffen. Unser Bild ist sogar noch in Venedig, wie die Inschrift bezeugt, 1605 gemalt. Es stellt die Heilige Familie, worauf das am Boden liegende Reisegerät Josephs hindeutet, während der „Ruhe auf der Flucht" und ganz in der genrehaft spielenden Weise dar, zu der gerade dieser Moment die Künstler von jeher gereizt hat. Zu den Engeln, die das Christkind unterhalten, ist noch der kleine Johannes als Spielkamerad gekommen, sogar mit dem Lamm und dem von einem Schriftband umwundenen Rohrkreuz, weil ihn das Fell allein noch nicht hinreichend kenntlich gemacht hätte. Durchaus italienisch im Ausdruck ist der Joseph, sodann die Neigung der Madonna und ihr Kopf und demnächst sind es noch die Wolkenengel. Aber die zwei blumenbrechenden Flügelputten, so reizend sie sind, sehr viel natürlicher sogar als jene, haben nordisches Blut in sich, und die zwei heiligen Kinder verraten uns in ihrer Zeichnung und dem eckigen Ungeschick ihrer Haltung deutlich den Nachahmer einer eingelernten Formensprache. Wir erinnerten an van Dyck. Rottenhammer ist älter, er gehört nach dem Reifegrad seines Stils etwa mit dem beinahe gleichaltrigen Sammetbrueghel zusammen; aber dieser bedeutet als Künstler mehr mit seiner besseren Zeichnung und seiner scharfen, vlämischen Charakteristik, die er sich durch seinen Aufenthalt in Italien nicht hat verwischen lassen; eine Figur, wie diesen Joseph Rottenhammers, der schon eine schwache Vorahnung von van Dyck gibt, wird man bei ihm vergebens suchen. Er ist ausserdem vielseitiger in den Gegenständen. Man wird trotzdem sagen müssen, dass bei Rottenhammer als Ganzes nicht bloss ein freundlicher Eindruck, sondern auch eine gewisse Auffassung erreicht ist, die sich in dem anspruchslosen kleinen Format (27 zu 23 Zentimetern) wohl behaupten kann. Die angenehme warme, etwas bunte Färbung und die sorgfältige Zeichnung machten Rottenhammers Bilder bei den holländischen Kennern beliebt — das hier wiedergegebene ist mit dem Kabinett der Frau van Reuver in die Kasseler Galerie gekommen — und wir wissen sogar, daß ein so feiner Künstler wie Adam Elsheimer sich durch sie mit hat anregen lassen. A. P.

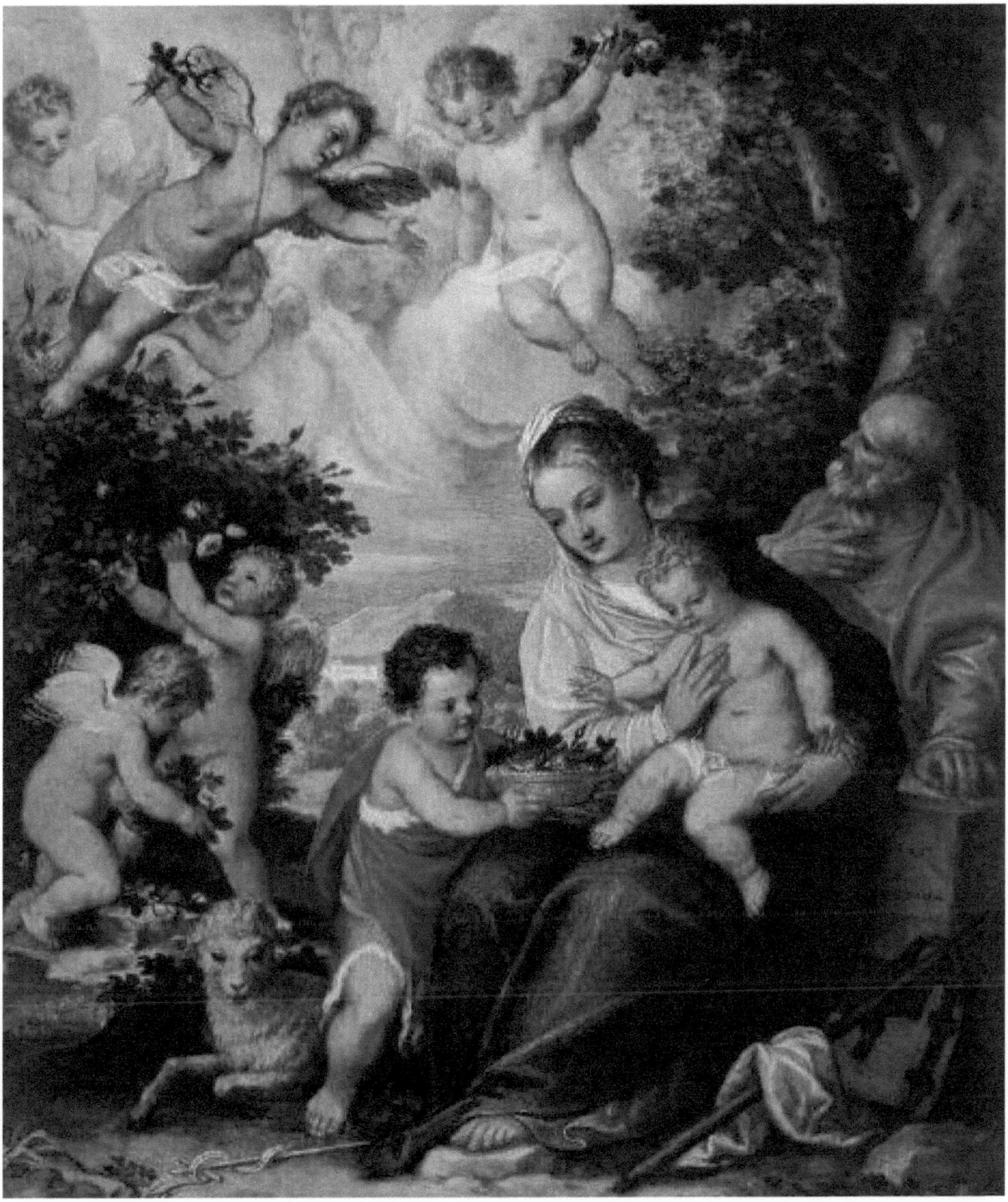

REMBRANDT VAN RIJN

(1606—1669)

Winterlandschaft

Eichenholz; h. 0,16, br. 0,22 m

Die hier beinahe in der Originalgröße abgebildete Landschaft ist ungemein breit, wie mit dem stumpfen Pinsel gemalt, aber dennoch keine Skizze, wie sie ja auch mit des Künstlers Namen bezeichnet und datiert ist (1646). Rembrandt stand in diesen Jahren noch auf seiner vollen Höhe, und ein großes Meisterwerk folgte auf das andere. Als Landschafter gibt er uns sonst erhabene Natureindrücke und sogar Erfindungen seiner Phantasie. Hier dagegen haben wir das Porträt eines Fleckchens Erde, wie er es in seinem Heimatland wer weiss wie oft finden konnte. Haben wir uns erst mit dem Rembrandtschen Braun verständigt, so sehen wir auch sofort, dass es Winter ist, und zwar kalter Winter. Die Sonne, die wir uns zu diesem Himmel denken, kann keine Wärme geben, obwohl sie scheint und es nach der Kürze der Schatten Mittag sein muss. Die Frau, die da vorn hurtig über das Eis schlürft, friert auch offenbar, und ihr Hund nimmt sich aus wie ein soeben geschorener Pudel. Wie leben alle diese Figuren trotz ihren wenigen Strichen! Hinter dem zugefrorenen Kanal liegen hässliche, unförmliche Schuppen, die zu einem Dorfe gehören, und ganz fern zeigt sich auch ein Kirchturm, dann eine Mühle. Alles so ärmlich und dürftig, und dazu der unwirtliche Winter! Auf unzähligen holländischen Winterlandschaften vergnügen sich die Menschen mit Schlittenfahren, Eislauf und Kolfspiel. Aber Rembrandt findet, dass der Winter ein trüber Gast ist, und er hat das auch öfters auf grösseren Bildern ausgedrückt. Ist das nun richtig, was wir aus diesem ganz kleinen Bilde herauslesen, so ergibt sich daraus weiter, dass wir es nicht mehr mit einer reinen Porträtlandschaft zu tun haben. Sie hat vielmehr ihre Stimmung, wie immer ein Bild von Rembrandt. A. P.

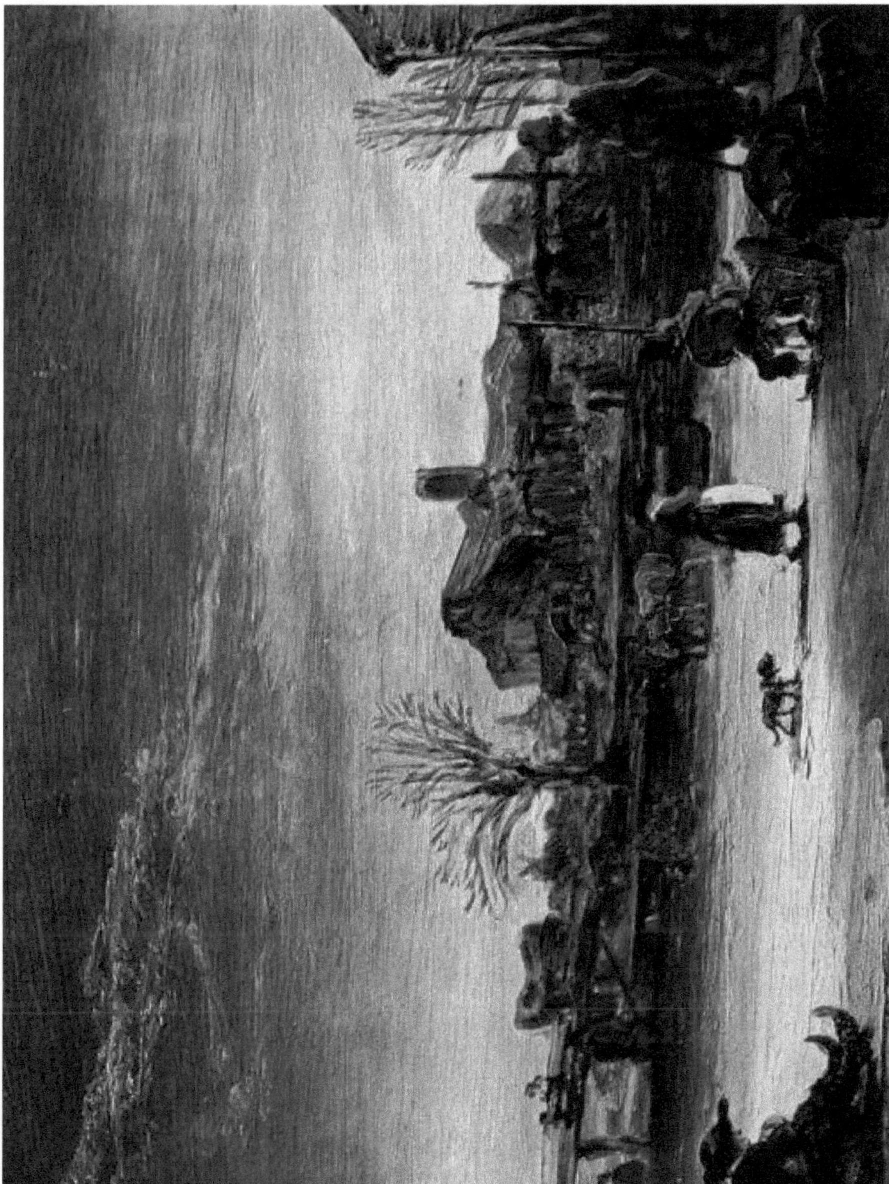

PAUL POTTER

(1625—1654)

Kühe auf der Weide

Eichenholz; h. 0,39, br. 0,36 m

Potter war zehn Jahre älter als Adriaen van de Velde und als Tiermaler sein Vorgänger. Er selbst war keines einzelnen, bestimmten Meisters Schüler, und in der schlichten Naturtreue, die ihn auszeichnet, steht er auf seinem Gebiete ganz auf eigenen Füssen und ohne Nebenbuhler. Sein Stoffkreis ist nicht weit. Aber seine Auffassung, sicher, klar und lebendig, entfernt von jeder Phrase oder Manier, gibt ihm seine Stelle unmittelbar neben den grössten Malern äusserlich viel bedeutenderer Gegenstände, einem Rembrandt, Frans Hals und Ruisdael. Er war brustkrank und starb als Neunundzwanzigjähriger, gemalt hat er nur elf Jahre (seit 1643) unter stetem Wechsel des Aufenthalts und in dürftigen Lebensverhältnissen, in Amsterdam, Delft, im Haag und zuletzt wieder in Amsterdam, und dabei hat er weit über hundert Bilder hinterlassen, alle sorgfältig, die meisten bis zur äussersten Vollkommenheit durchgeführt. Sie sind in der Regel in kleinem Massstabe gehalten, die Umrisse haarscharf, die Formen klar bei vorwiegend kühler Beleuchtung und frischer Lokalfärbung, die Formate der Tafeln mit feinem künstlerischen Gefühl je nach den Gegenständen bestimmt. Alles ist aus der Nähe oder wie mit weitsichtigen Augen gesehen, nichts unbestimmt oder verschwimmend, kein künstliches Lichtspiel; eine Wirklichkeitsdarstellung, in der für die Phantasie kein Spielraum bleibt. Keine Poesie also, wofern nicht das Gefallen an der einfachen Natur poetische Eindrücke geben kann, dafür aber auch keine unechte Sentimentalität. — Seine Bilder, die in deutschen Sammlungen nur vereinzelt vorkommen, zerfallen in zwei Klassen. Es sind entweder Landschaften mit Tierstaffage oder Tierbilder mit landschaftlichem Hintergrund (die Darstellung der menschlichen Figur ist Potters schwache Seite), und diese letzteren sind seine höchste Leistung. Hierin ist er unbestritten der einzige in seiner Art; in der Staffagelandschaft könnten es andere mit ihm aufnehmen, z. B. Wouwerman, Adriaen van de Velde oder Karel du Jardin. — Unser Kasseler Bild von 1648, das beste in einer deutschen Sammlung, gehört zu der zweiten Klasse. Die Hauptfigur ist die in leicht verkürzter Silhouette prächtig vor die freie Luft gestellte schwarzweisse Kuh, die auch mit ihrer Farbe dominiert. Ihr Raumbild wiederholt sich in der Form der in die Breite gehenden Tafel. Sie allein hält der rechts zusammengedrängten Gruppe das Gegengewicht. Leichtbelaubte Frühlingsbäume, grüne Weide, deren Grashalme man zählen zu können meint, und dahinter der weite Himmel mit seinem kühlen Wolkenduft, das ist Paul Potters Heimatland, wie wir es heute noch wiederfinden können, unverändert, indessen die Kunst seiner Landsleute längst andere Wege eingeschlagen hat.

A. P.

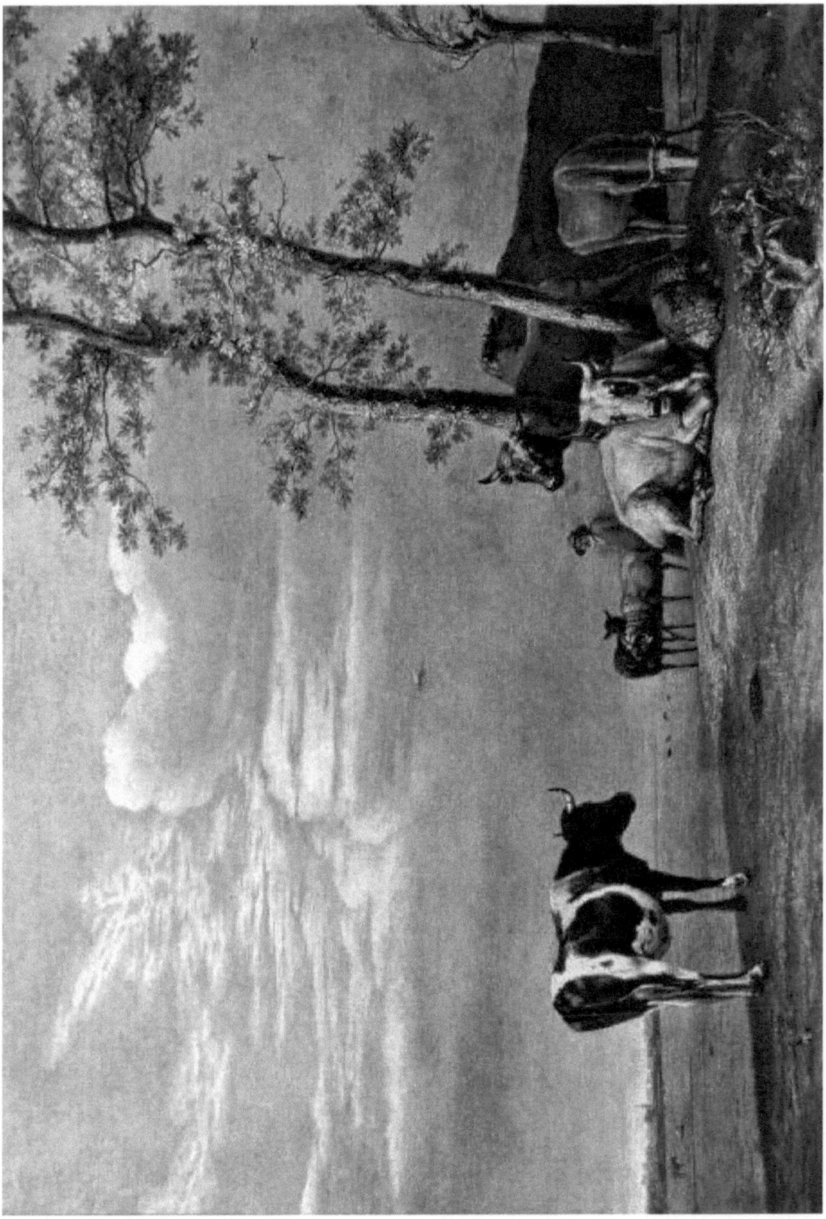

ARNOUD VAN DER NEER

(1603—1677)

Sonnenuntergang

Eichenholz; h. 0,30, br. 0,49 m

Der Amsterdamer Landschafter Arnoud van der Neer malt meist in kleinem Format das wirkliche Holland ohne fremde Verschönerungen, keine Berge, nichts Italienisches, alles einfach und schlicht, wie er es mit seinen natürlichen Augen sah. Das Wasser fehlt bei ihm niemals. Über sein Leben wissen wir so gut wie nichts. Er kam spät zum Malen, war in seiner Jugend herrschaftlicher Diener, dann Gastwirt und starb in Dürftigkeit, als Künstler wenig geschätzt. Er war zu einfach, zu heimatlich. Heute stellen wir ihn im Range gleich nach dem fünfundzwanzig Jahre jüngeren Jakob van Ruisdael. Er ist poetisch wie dieser und ebenso charaktervoll. Die feste Zeichnung und der an einem Feinmaler, denn das ist er doch, auffallende breite Pinselstrich mögen auf Averkamp, dessen Schüler er war, hinweisen, aber das meiste verdankt er doch seiner eigenen, echten Begabung. Während Averkamp kühl und nüchtern ist, ganz ohne Farbenstimmung, wird bei Van der Neer beinahe alles Tönung und Duft und Schimmer, sogar das Mondlicht wird bei ihm, der ja in der Nähe des grossen Braunmalers Rembrandt lebte, verschleiert und bräunlich. Seine gutgezeichnete Figurenstaffage hat dieser tüchtige Künstler selbst in seine Bilder gesetzt, was ja bei den holländischen Landschaftern nicht das Gewöhnliche ist. Seine Bilder sind ungleich, die früheren sorgfältig, die späteren flüchtig ausgeführt. Am bekanntesten sind die Mondscheinlandschaften, manche mit dem Kontrast des glühenden Abendrots oder eines Feuers, aber reizvoller sind seine selteneren Tages- und Abendbilder. Von dieser Art ist unser vorzüglicher Sonnenuntergang aus der Kasseler Galerie (mit dem Monogramm bezeichnet, aber nicht datiert, wie meistens bei ihm). Friedliche Abendstimmung über dem seichten Wasser; die Melkerin geht heimwärts. Durch die spärlichen Bäume schimmern zerstreute Häuser. Alles lebendig empfundene, sprechende Natur, die keiner Erklärung mehr bedarf.

A. P.

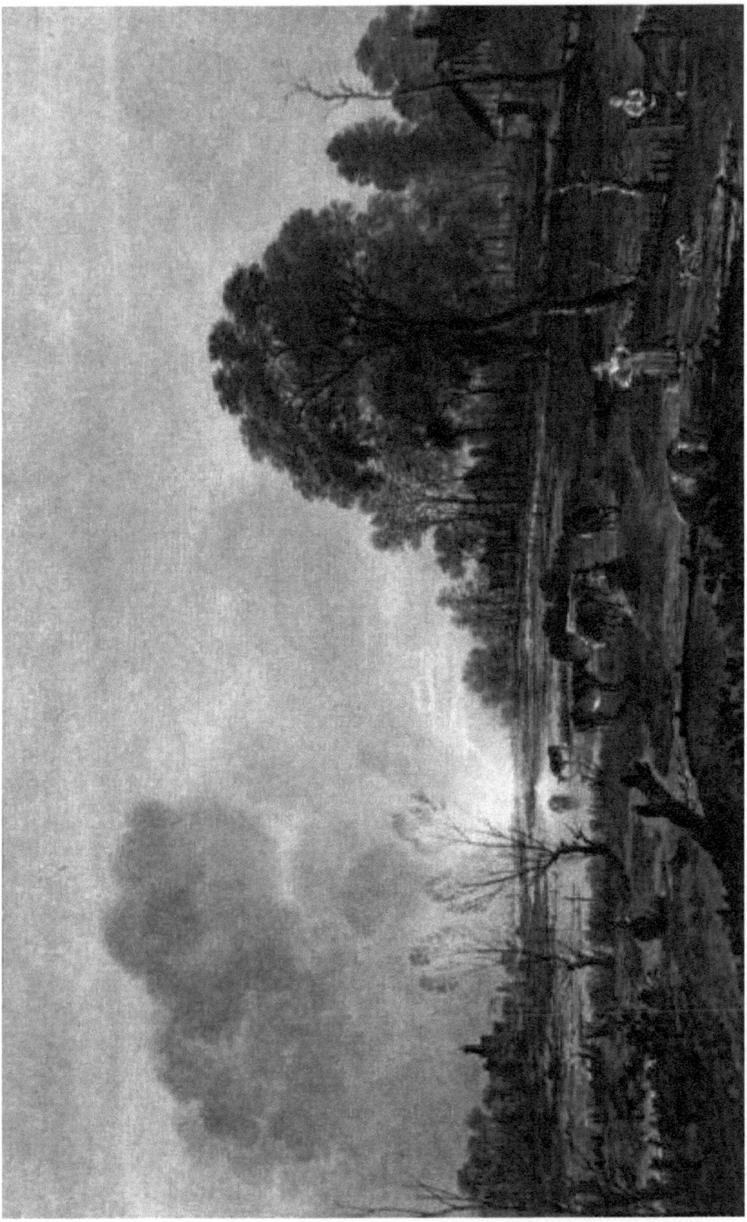

JAN BRUEGHEL DER ÄLTERE

(1568—1625)

Dorfstrasse

Kupfer; h. 0,16, br. 0,22 m

Als Rubens in Antwerpen seine prächtigen Historien malte, lebte teils dort, teils am Hofe des Erzherzogspaares in Brüssel der „Sammetbrueghel", sein fast zehn Jahre älterer Freund. Den Künstlerbeinamen, den er seiner kostbaren Kleidung verdankte, hat man später auch wohl auf die saubere Ausführung seiner Bilder bezogen. Sein Vater Pieter war der kräftige Bauernmaler, er selbst ist Miniaturist und in seinen Figuren, ob sie nun mythologisch oder, was häufiger der Fall ist, Bauern seines Landes sind, nur ein mässiger Charakteristiker. Seinen zeitgenössischen Ruhm verdankt er der zierlichen Gesamtwirkung seiner meist kleinen Bilder, die gewöhnlich auf Kupferplatten gemalt sind; seiner Gattung nach ist er Landschafter. Er war auch einige Jahre in Italien gewesen, wie Rubens, aber der Aufenthalt hatte seinen Stil, der abgesehen höchstens von den mythologischen Stoffen durchaus heimatlich blieb, nicht verändert. Er blieb zeitlebens Feinmaler, gleichmässig auch in dem nie nachlassenden Fleiss, wenn auch seine frühesten Bilder (vor seiner Rückkehr aus Italien 1596) noch ganz miniaturartig sind, die späteren etwas freier werden. Seine Zeichnung ist immer von der höchsten Sorgfalt, scharf und spitz, seine Farbe solid gedeckt, emailähnlich, leuchtend und gefällig, aber namentlich an den bunten Blumen, die er liebt, und an Tieren und Kleidungsstücken phantastisch, nicht naturwahr; am wenigsten in der Landschaft, wo freilich das Blau stark durchgewachsen ist. In ihrer klaren Anordnung nach drei Plänen sprechen diese blauen Bildchen ohne viel Luftperspektive doch Naturgefühl aus, namentlich wenn sie nicht zu sehr mit Figuren angefüllt sind. Von den Kennern jedes Zeitalters geschätzt, sind sie fast alle ins Ausland gekommen, die meisten nach Madrid, München und Dresden. — Von den acht Stücken der Kasseler Galerie gibt unsere Abbildung das Bild Nr. 45 beinahe im Maßstabe des Originals wieder. Es ist 1609 datiert, also keins der frühesten. An der ungepflasterten Dorfstraße steht das Wirtshaus, durch den Mittelgrund geht der Blick in die Ferne. Die Staffage ist zierlich und lebendig: Landleute mit Vieh und Gefährt; eine städtische Familie ist aus ihrem Planwagen gestiegen, der Herr unterhält sich mit einem Bauern. A. P.

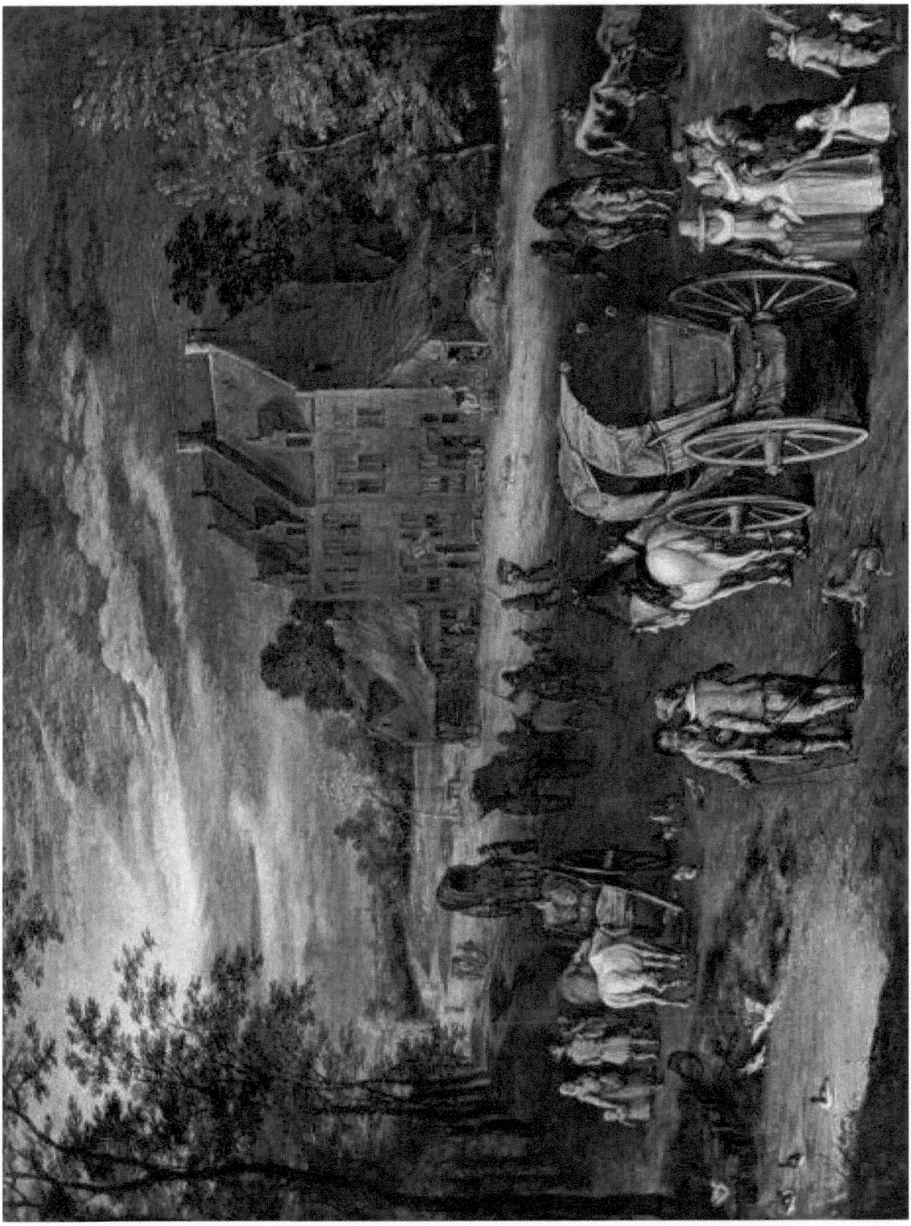

JACOB JORDAENS

38

(1593—1678)

Der Apfelschimmel

Leinwand; h. 0,81, br. 1,12 m

Für den oberflächlichen Blick hat der Antwerpener Jacob Jordaens einige Ähnlichkeit mit dem sechzehn Jahre älteren Rubens. Sie hatten ja denselben Lehrer gehabt, Adam van Noort; als der eine noch bei diesem lernte, war der andere schon Hofmaler in Antwerpen. Näher angesehen sind sie doch sehr verschieden. Bei Rubens denkt jeder zuerst an die Pracht kirchlicher Feste, er hört das Rauschen kostbarer Gewänder und achtet unwillkürlich auf den anspruchsvollen Wink der hohen italienischen Gebärde. Der naturwüchsige, etwas plumpe Jordaens, der Adam van Noorts Schwiegersohn wird und von der derben, knorrigen Art des Alten offenbar ziemlich viel in seine Kunst mit herübergenommen hat, will durchaus volkstümlich sein. Biblische Gegenstände verlegt er aus dem Kirchenbarock des Rubensstils auf die Gasse, Mythologisches malt er wie für Bauern, alles gewöhnlich in mächtigem Format und in der Wirkung auf starke Nerven und gröbere Instinkte berechnet. In Italien ist er nicht gewesen; was etwa daran erinnert in seinen Bildern, mag er grossenteils Rubens abgesehen haben, dem er übrigens in voller Selbständigkeit gegenübersteht. Dagegen mutet uns manches bei ihm holländisch an; er war auch heimlicher Kalvinist und verkehrte viel in Holland. Als Künstler war er zu seiner Zeit höchst angesehen und gesucht, dabei äusserst fleissig und fruchtbar. Seine plastisch hervortretenden Figuren sind ungemein sicher gezeichnet, wundervoll malt er Tiere, Geräte, Blumen und landschaftliches Beiwerk, als Kolorist ist er ganz selbständig: er hat mehr Helldunkel als Rubens und geht von prächtig frischen Lokalfarben später zu einer mehr tonigen Malweise mit metallisch glänzenden Lichtern über. — In dem hier wiedergegebenen schönen farbigen Bilde der Kasseler Galerie (wo er überhaupt in allen Arten ausser im Kirchenbilde am besten kennen zu lernen ist) zeigt er sich uns wesentlich zahmer und gesellschaftlich feiner als sonst; man schrieb es ehemals der Schule von Rubens zu, es ist jedoch mit Jordaens Namen bezeichnet. Was mag es bedeuten? Als Genrebild würde es für einen Besteller oder Käufer schwerlich Anziehung genug gehabt haben. Es ist offenbar ein Porträt und hauptsächlich dem prächtigen Apfelschimmel zuliebe gemalt worden, den sich sein Besitzer hier vorführen lässt. Der alte Herr steht vor dem — vielleicht ein wenig idealisierten — Portal seines Hauses, hinter ihm seine Tochter, und der bäurische Merkur — den ein Rubens anders gegeben haben würde — wird den Kaufmannsstand des Bestellers ausdrücken sollen.

A. P

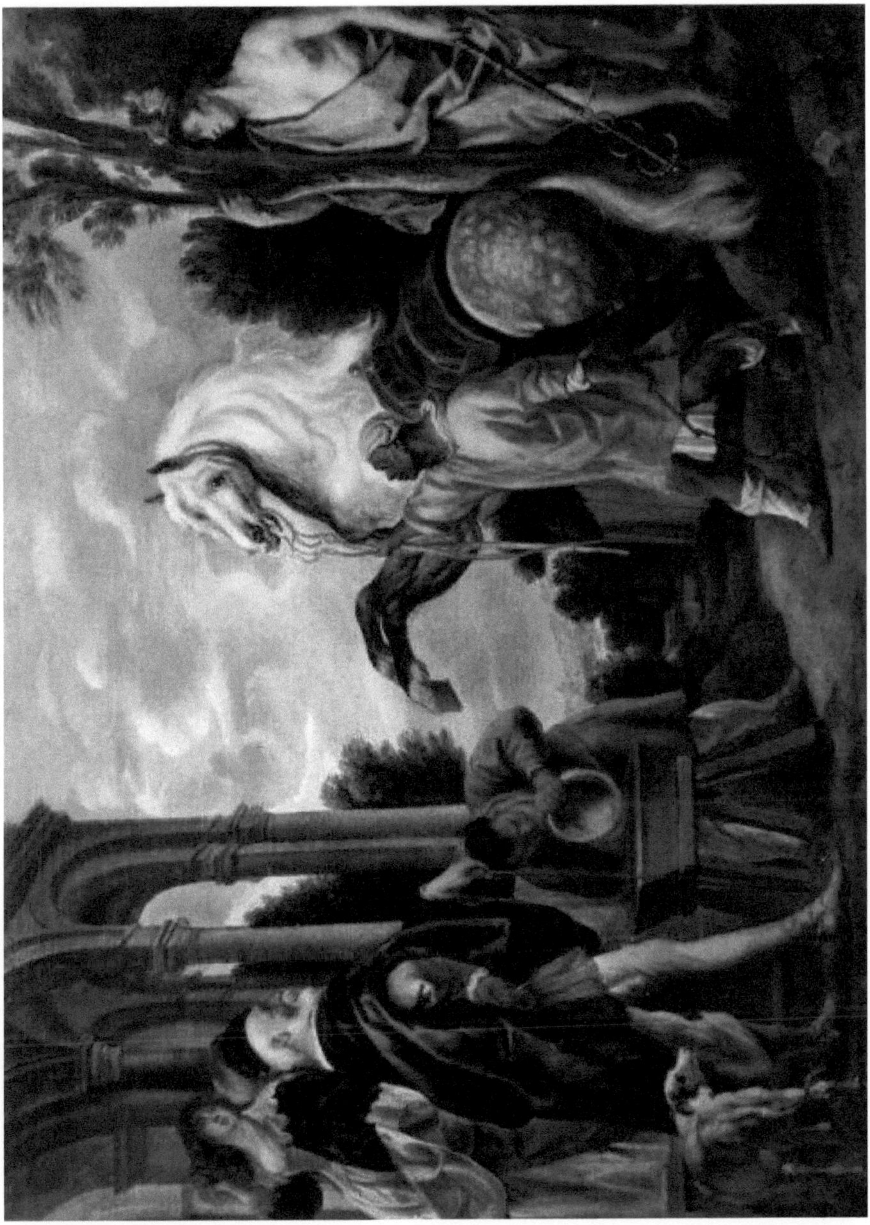

THOMAS GAINSBOROUGH

(1727—1788)

Landschaft

Leinwand; h. 0,23, br. 0,30 m

Der hoch geschätzte Porträtmaler Thomas Gainsborough ist zugleich der Begründer der modernen englischen Landschaftsmalerei, ausgezeichnet durch seinen aufrichtigen Sinn für die einfache Natur und durch eine frische und ungekünstelte Auffassung, die das künstlerische Interesse der Engländer an der Landschaft wesentlich mit gefördert hat. Bilder von ihm kommen auf dem Kontinent ausserordentlich selten vor. Die 1892 versteigerte Sammlung von Edward Habich in Kassel besass drei Landschaften, von denen die hier mitgeteilte für die Galerie erworben wurde. So klein sie ist, so viel Leben und Stimmung spricht sich in ihrer breiten und flotten Malweise aus. Ein feuchter, duftiger Herbsttag mit aufklärendem Licht, vorne steht ein Wassertümpel. Das Laub hat sich gefärbt, die zwei schlanken Birkenstämme sind zum Teil schon entblättert. Der bildeinwärts führende Waldweg ist von einem Wanderer belebt. Munter leuchtet das kräftige, warme Rot eines Ziegeldaches auf.

A. P.

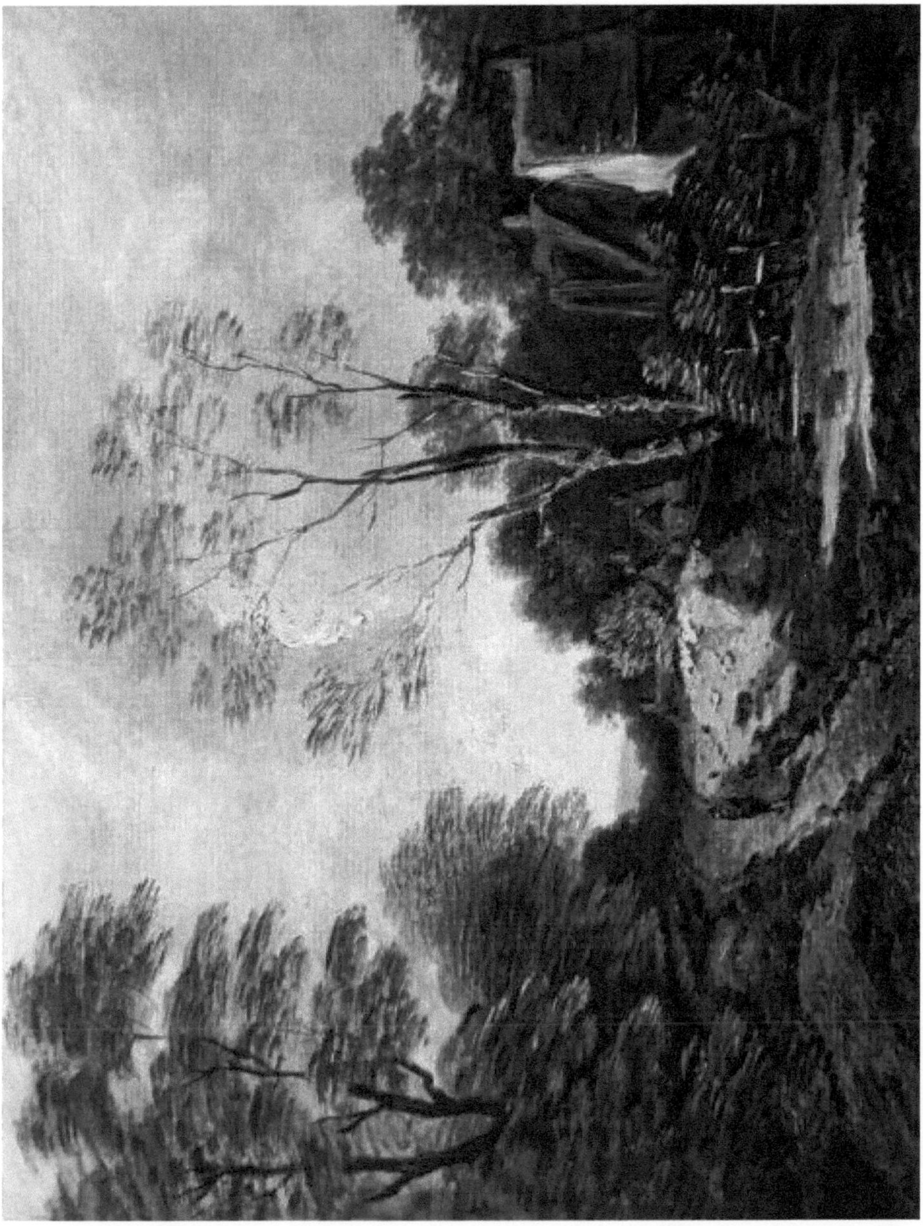

HANS THOMA

(geb. 2. Oktober 1839 zu Bernau, lebt in Karlsruhe,

Landschaftsstudie

Papier: h. 0,27, br. 0,36 m

Die hier wiedergegebene Landschaftsstudie Hans Thomas stammt aus dem Jahre 1880. Sie trägt entschieden südliches Gepräge. Thoma war 1874 in Italien gewesen, er war mit gefüllten Skizzenbüchern heimgekehrt und hatte 1876 seinen dauernden Wohnsitz in Frankfurt am Main genommen. „Dieser Aufenthalt in Italien", so schrieb Hans Thoma selbst, „war von bestimmendem Einfluß für mein Schaffen, ich brauchte es nicht zu ändern, sondern ich strebte nach Vollendung und Klarheit. Was andere taten und wie die Ausstellungen aussahen, war für mich gleichgültiger als je. Der Gedanke, einsam zu sein, drückte mich nicht mehr, ein hohes Freiheitsgefühl belebte mich und ließ alle kleinlichen Sorgen, die sich massenweise nahten, nicht zum Siege kommen." — Es war in Frankfurt damals noch längst nicht die Zeit, da Hans Thoma Mode war. Im engeren Kreise fand er Freunde und Bewunderer seiner Kunst, weitere Kreise hatten noch immer nur Spott und Mißachtung für sein Schaffen. „In diesen Frankfurter Jahrzehnten, in welchen die Handelsstadt nichts von ihm wissen wollte, ihre Tausendmarkscheine für Grützner, Achenbach und Knaus ausgab und Grützner, Achenbach und Knaus für unverrückbare Werte hielt, malte er nach seinem freien Willen und Geschmack. Die Notizen in seinem Skizzenbuch, die noch viel reicheren Notizen in seinem eminenten Gedächtnis wurden zu Bildern. Aus dem Schwarzwald und aus Italien, aus der Wirklichkeit, aus der Legende, aus dem Märchen, aus der Phantasie überströmten ihn die Stoffe — er gab ihnen Gestalt, Farbe, Leben —, bedauerte, daß er nicht längere Tageshelle, daß er nicht mehr Hände habe. Sein ganzes unablässiges Schaffen, nach der Natur, nach dem Modell, nach Gedächtnis und Phantasie, wie es diese siebziger und achtziger Jahre erfüllte, war ein frohes Ernten." (A. Spier in der Kunst unserer Zeit, 11. Band.) In den Jahren 1880 und 1887 war Thoma wieder in Italien, schaute, zeichnete, malte, brachte neue Reichtümer nach Hause. Zu diesen gehörte unsere Landschaftsstudie. Ob aber auch das Motiv italienisch ist, man sieht es auf den ersten Blick, daß nur ein Deutscher das Bild gemalt haben kann, und von diesen eben wieder nur Hans Thoma. Es ist Größe und Kraft in dem Motive, aber ebensoviel anheimelnde Innigkeit und tiefe Empfindung. Wie köstlich ist die Gruppe zur Linken, die man als Flucht der heiligen Familie nach Ägypten deuten mag, wie reizvoll ist die Gruppe der drei spielenden Kinder im Vordergrunde, wie natürlich und ungezwungen geben die Gestalten auf dem Wege die Empfindung des Heimkehrens. Natur und Menschen eins — Sonnenschein, Heiterkeit, Frieden, Ruhe, stilles Glück —, all das spricht zu uns in keuscher, aufrichtiger Innigkeit. Wer die Natur so sieht und malt, der muß sie innig lieben, und wir lernen sie wieder lieben durch den Künstler, der so eins ist mit ihrer stillen Schönheit.

Paul Schumann

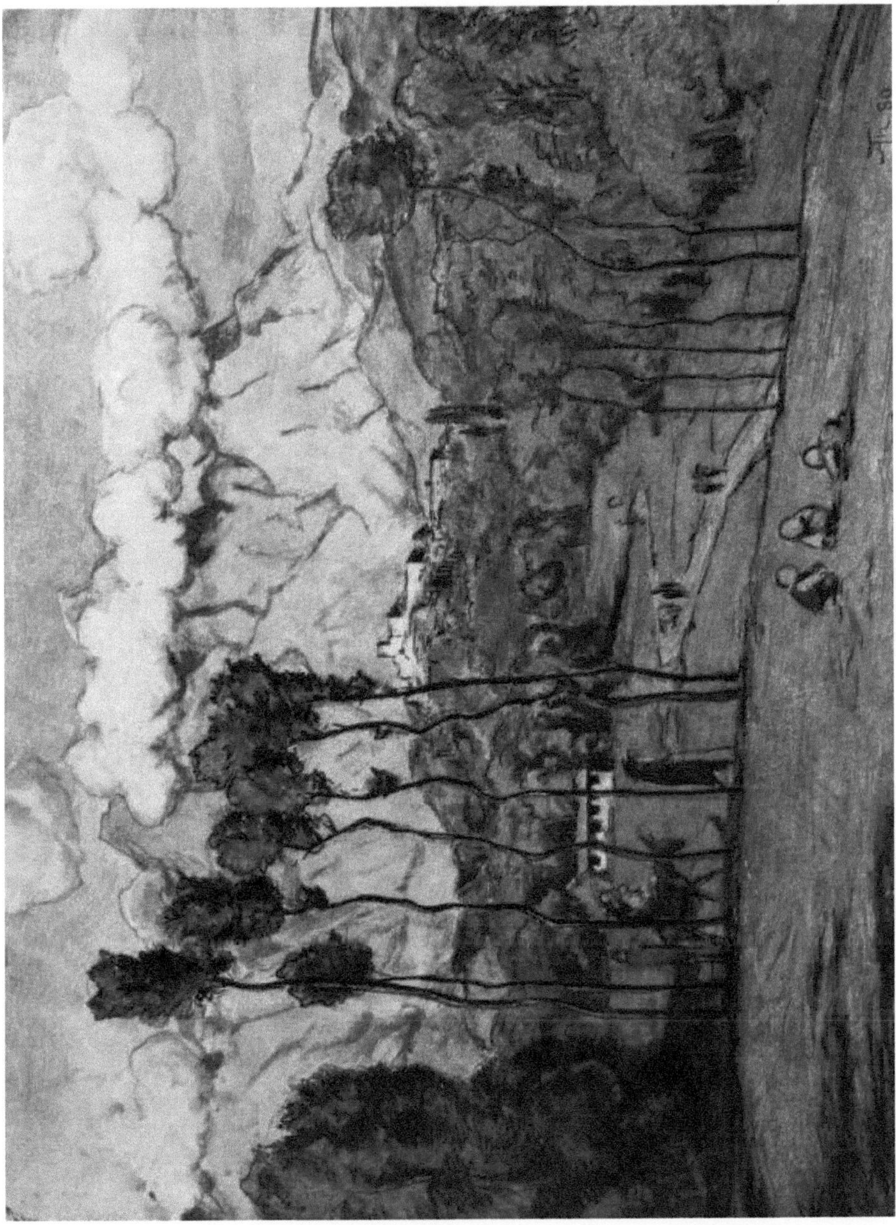